青春文学精品集

希望是
迎风向阳的微笑

《语文报》编写组　选编

时代文艺出版社

图书在版编目（CIP）数据

希望是迎风向阳的微笑／《语文报》编写组选编.
-- 长春：时代文艺出版社，2022.3
（青春文学精品集萃丛书.希望系列）
ISBN 978-7-5387-6866-4

Ⅰ.①希… Ⅱ.①语… Ⅲ.①作文－中小学－选集
Ⅳ.①H194.5

中国版本图书馆CIP数据核字(2021)第109541号

希望是迎风向阳的微笑
XIWANG SHI YINGFENG XIANGYANG DE WEIXIAO

《语文报》编写组　选编

出 品 人：陈　琛
责任编辑：陈　阳
装帧设计：孙　利
排版制作：隋淑凤
出版发行：时代文艺出版社
地　　址：长春市福祉大路5788号　龙腾国际大厦A座15层　（130118）
电　　话：0431-81629751（总编办）　　0431-81629755（发行部）
官方微博：weibo.com/tlapress
开　　本：650mm×910mm　1/16
字　　数：135千字
印　　张：11
印　　刷：永清县晔盛亚胶印有限公司
版　　次：2022年3月第1版
印　　次：2022年3月第1次印刷
定　　价：38.00元

编 委 会

主　　编：刘应伦

编　　委：刘应伦　　赵　静　　李音霞

　　　　　郭　斐　　刘瑞霞　　王素红

　　　　　金星闪　　周　起　　华晓隽

　　　　　何发祥　　朱晓东　　陈　颖

　　　　　段岩霞　　刘学强

本册主编：王　林

Contents
目 录

我 的 风 景

希望是迎风向阳的微笑

简简单单的快乐

我和鱼儿有个约会

寻找快乐

那片山楂林

我的风景

思　念

史珈祯

在岁月的无情追赶中，不知在何时，我已经遗失了快乐。

太阳依旧早早升起，如同我的生活一般，早早地起床，早早地学习，仿佛学习才是我生活的全部。待在宽敞的教室里，听老师讲课本讲试卷，讲我们只要好好学习就会有个好未来。就这样，我的小学生活千篇一律地重复着。在无声无息地学习中，我早已把生活的枯燥体会得淋漓尽致。

望向窗外一棵棵成荫的大树，我又想起儿时那美好的时光。它原本只属于我，像童话故事一样美妙，可现在，对于那些美好，我只剩下眷恋和怀念……

风，很轻；梦，却很沉。仿佛又回到了从前无忧无虑的日子，每天做着数不清的卷子，但生活却很充实。抱怨着老师的"无情无义"，开着老师体重的玩笑，一"窝"男生叫着说明天去捉蚂蚁、西瓜虫……

当回到原来同学的QQ群里时，老朋友互相倾诉着自己的怀念，有的人则兴奋地对我们说，他看见同学了，还有的说，他把我们曾经的经历写进了他的随笔里……当看着一句句熟悉的话语，一个个熟悉的名字，心中充满了温暖与感动。现在在学校里，笑得再开心，玩得再疯，却再也找不到从前的自在……

如果不能哭，就一直微笑吧；

如果能旅行，就一直流浪吧；

如果能唱歌，就一直轻和吧；

如果能原谅，就一直遗忘吧。

人生就像在悲欢离合中的一个动点，来回穿梭。虽然没有能力挽回时光，但我相信，我们都在用心出演自己人生的这幕话剧。

和弦很美，声音很轻，就这样，轻轻地把我的怀念唱给你听。

老 房 子

金 又

再次回到老家的旧房子，我无言独立，轻抚粗糙的泥砌墙壁。这个承载许多回忆的地方，以静默的姿态，安详、宁静地矗立了许多年。

记得小时候，很是喜欢回老家。那里会有很多南方特色小吃，像米糕，表面多粉，入口微甜；像锅煎，一大块的，里面放着美味的馅，切割成长方形的形状；还有奶奶亲手弄的米花。

小孩子最是喜欢甜品了。玩累了，偷偷地潜进厨房，用玩耍后很脏的手，未洗净就抓住灶台上的甜品，径直放进嘴里。每次都会被奶奶发现。那是一个慈爱的老人家，温柔慈祥的眉眼，宁静的目光，饱含柔情。她拉着我的小脏手来到井边，用那清凉井水细致地洗净我的手，嗔怪地说道："不洗手就吃东西，肚子里会长虫虫，疼得你睡不着觉。糖吃多了，牙齿就会被虫虫咬掉，到时就像奶奶一样，没有了牙齿，成了一个小老人了。"

我虽然很害怕，但即使被说上很多次，还是未曾改过来这个坏习惯。仿佛奶奶轻声劝说也成为融入骨血的一部分，在身体里，在皮肤下绵延缱绻。慈祥的眼，粗糙但温柔的手。

奶奶的眼睛清亮，笑起来时，母性的光辉可以把一切黑暗丑恶的东西感化。做错了事，回过头，便是奶奶包容的微笑。在明媚的阳光下，或是在房间的阴影里，眼里所承载的，是一个世界。

我很小的时候，就离开了家乡，搬进了父亲在一座新城市里买的房子。房子变得明亮了许多，也不像老房子般狭窄，连生活用品都收拾得井井有条。总觉得，新房子比老房子少了一股味道。不可以乱蹦乱跳，因为楼下的房客会投诉我们。没有了青板路，取而代之的是长长的水泥楼梯；看不见木制的暗红色的大门，映入眼帘的是一扇扇冰冷的铁门；听不到熟悉的乡音，周围的人都在说着我听不懂的语言。

故地重游，依然满眼翠绿。长相奇怪的枝干向高、向南生长，庞硕的枝干挂着秋千。墨绿、浅绿、湖绿交错相映。几个孩子在树荫下快乐地玩着玻璃球。都是熟悉的房子、熟悉的人、熟悉的树，周围充满了熟悉的味道，心一下子变得安定了。

记得书上说，一个人对故乡的感情不是浅淡的忆想梦吟，而是深沉浓烈的爱。

故乡所牵绊住的，是游子的心。

人与故乡的关系，是风筝与线。

忆 中 秋

杜思园

又是一年中秋节。

坐在开往老家的车上，我揉了揉惺忪的眼睛，柔和的阳光洒下来，不远处正是我陌生又熟悉的房子。

好久没回来了。

我揉着眼睛，拎着包下了车。眼尖的奶奶一下子就看到了我们，像个小孩子一样跑过来抱住我。"又长高了嘛！"奶奶笑着说。现在的我已经比奶奶高出了半个头，看着渐渐矮下去的他们，心里苦涩涩的。

下午，独自一人坐在门口，阳光洒在身上，懒洋洋的，忍不住打了几个哈欠。

这时候，妈妈走了过来，没头没脑地说了一句："去后园抓一只鸡，晚上炖鸡汤。"我哭笑不得："我只会吃鸡，哪会抓鸡啊！""所以要尝试一下！"妈不由分说地推着我，见拗不过她，我只好戴上口罩、手套，撩起裤脚，足蹬一双胶鞋，全副武装完毕！妈妈忍俊不禁："你这搞得也太隆重了吧！""臭！"我皱着眉头进了鸡棚。

环顾四周，一只只肥硕的鸡若无其事地吃着东西，把我当透明的一样。我盯上了一只肥得流油的老母鸡，它正悠闲地散步。我小心翼翼地绕过别的鸡，往下一抓！它似乎早有防备，一下子就挣脱开来了，叫着跑走了。"吵死了！"我抱怨着。这时候，我飞快地跑过去抓住它的翅膀，没想到这只老肥鸡动作还挺利索，又一次逃脱了我的"魔爪"，我的手里只剩下几根鸡毛。这些鸡似乎才意识到来了个不速之客，于是一个个虎视眈眈地盯着我。

我休息了几分钟，趁那只鸡懈怠的时候，撒开腿冲向它，一直追着它跑。胖子的体力显然不如瘦子，这只老肥鸡没一会儿就跑不动了，步伐渐渐慢了下来。我抓准时机，以迅雷不及掩耳的速度扑了上去。它这次显然没有防备，只好束手就擒。我拖着它精疲力竭地走出了鸡棚，一副狼狈不堪的样子。

我 的 风 景

朱 辰

世界上美丽的风景有很多，壮丽的瀑布飞溅着璀璨的水花，浩瀚的海洋潜藏着无尽的奥秘，甚至平凡如潺潺的夏日清泉、温馨的秋日阳光，都一样是这大自然最好的馈赠。但在我心中，最美的风景就是与我朝夕相处的故乡——南京。

这是我出生的地方，我成长的地方，我热爱的地方。依恋也好，热爱也罢，都不为过。

虽然街上的老房子已经变成钢筋水泥、高楼大厦，充满儿时灿烂笑容的照片也依稀泛黄，甚至街口早就没有了叫卖酒酿的小摊子。但是记忆中总有一些东西是不会变的，正如永远口口相传的亲切乡音，正如人们不变的热情善良。我所看到的，是我身边的每一个人都有一颗善良的心，他们或朴素，或高尚，他们身上的光辉，足以照亮整个城市。

这里的景色可能不如春风拂过泸沽湖，秋雨浸润九寨沟。可是那街道两旁郁郁葱葱的梧桐树，就是我心中最美的风景。这是属于我的风景，它永远存在于我心底，在记忆深处静静地停留着。多少年后，可能我忘记了我的小学同桌姓什么，忘记了我曾经朝夕相处的伙伴的笑容，可是我永远也不会忘记这里矗立着的梧桐树，还有透过它们投射下的星星点点的阳光。

这里的空气的确不是很清新，可是每当我从外地回到南京，我都能清楚而愉悦地意识到，我所呼吸的，就是我从小到大一直呼吸的空气；而我的脚下，就是我从小到大一直热爱的土地。

我悉心地收藏着每一个有关这座城市的记忆。我记得夏天梧桐树上聒噪的蝉鸣，我记得冬天鸭血粉丝汤店门前透过薄雾看到的熙熙攘攘的人群，我记得公交车上偶尔一抬头看见骑电瓶车送女儿去补习班的母亲，我还记得小时候用来够无花果的被剪开的塑料瓶。还有在尚未干的水泥地上留下的小脚印，以及透过梧桐树仰望的斑驳夕阳。

这些美丽的风景拼凑起来，便是我眼前的这座城市——南京。

每当念及这个美丽的名字，那些记忆中的风景就仿若尽在眼前，不论我产生怎样的心情，我的嘴角都会扬起微笑。

我
的
风
景

感受生活，珍惜美

周贞贞

　　下午四五点钟的阳光，褪去了中午时分的灼热，添了几分夜的柔情。白得刺眼的天，此时也微微泛着蓝，飘着丝丝缕缕的云。天空下，是一张张快乐的脸。

　　放假的前一天是星期三，最后一节课是综合实践课。在做完功课后，终于有了属于自己的四十五分钟。篮球场上，挥洒的是我们青春的美。阴凉下的长椅上，我和朝夕相处的朋友满嘴黑边地啃着可爱多，欣赏这从来不被注意的美。

　　再过两年，如果还能有幸坐在这里，也许那时的伤感会湮没此时的惆怅。因为那时，物是，人非。

　　望着眼前，我不禁想象，也许两年后，在不同的学校，不同的班级，是否会有不同的人，说着曾经说过的话？曾经的好哥们也许在踏入新的校门的那一刻，相互忘记了。偶尔想起来伤感一下，也许就是能做到的全部了。是啊，我们还能做什么？我们每个人都是彼此之间的过客，留在彼此心中的痕迹就像沙子中的一道沟，无论多深，叫作"时间"的风都会将它抹平。

　　生活总是千变万化，这样的美时刻都存在，可只有今天才是唯一的。它不是电影，随随便便按个返回都可以重来。感受生活吧，它的美是独一无二的。珍惜它的美，因为没有什么可以让它再来一遍。

生活不会因为人们的喜怒哀乐而停下它的脚步，时间也是。我们改变不了生活，那就改变对生活的态度。身边有太多不被注意的丝丝缕缕的美，感受生活，珍惜美！

裂　缝

卢雨晴

墙上有一道裂缝。

不深不浅，它蜿蜒，像是一条曲折的路，通向一个未知的世界。我笑了，那一定是一种可爱的生物开辟的一条路吧，通向了它们那个神奇的世界。

过了几天，我闲来无事，来看看那些生物的成果。我惊讶了，那小小的裂缝变得很深，墙面支离破碎，还落下了几片白色的石灰，露出了灰色的墙面，我抚摸着那深深的"伤口"，思考了很久。

只要有力量，哪怕是一条裂缝，也有能够让墙面碎裂的能力。

在非洲的大沙漠中，有一条裂缝，它把整个沙漠划成了东西两段。人们赞叹大自然的神奇，它的宏伟和壮观让无数人叹为观止。

那来自地心的力量，让它碎裂，让它挣脱。

终于有一天，它碎裂了，海水开始漫延，浪花在翻腾。整个非洲大陆在发烫、发热，那来自世界深处的力量在释放。那条裂缝变得很宽，海水便将两块陆地越分越远。那海水从地球的某个角落出发，将两块陆地隔断了。

　　沙漠中的一条裂缝，终会被海水淹没，而一片海的新生，却是另一片海的消亡。

　　这一切的一切，都是因为，裂缝。

我
的
风
景

《《《

013

在那最遥远的地方

谭　睿

　　落叶纷纷，秋高气爽。寒风阵阵扫过大地，天空苍蓝，我在秋天里遥望着——生命是那最遥远的地方。

　　金黄大地，飞沙曼舞。阳光阵阵照耀沙地，热风阵阵，我在沙漠里遥望着——水源是那最遥远的地方。

　　白雪皑皑，冰封世界。被寒冰冻住了一切，寒冷刺骨，我在极地中遥望着——阳光是那最遥远的地方。

　　富饶之地，黄金之国。人与人之间有了隔阂，为钱厮杀，我在城市里遥望着——理解是那最遥远的地方。

　　人进入社会后，成就越大，就会越走越远。为了探求生活的幸福，就会向那最遥远的地方迈进。可是蓦然回首，发现自己生活得如此悲催，自己已逐渐沦为庸俗。这时你才发现你的起点才是你梦寐以求的地方。趁自己还没走多远，赶快回头吧，找寻自己最初的美好。

　　然而不幸的是，许多人却已完全被困在了某个地方，在那个世界上最寒冷、最无情的地方，在那个世界上最遥远的地方。

难忘的一天

徐一鸣

昨天，学校组织春游，可是我的心情很复杂。

清晨，我早早来到学校，心情还是很激动的。走进教室后，放眼望去，同学们都拿着各式各样的手机、苹果播放器、游戏机等，玩得起劲儿……教室里静悄悄的，目测有百分之八十的同学在玩手机、平板电脑或是听歌。看到这一幕，我回到座位上用手里的照相机把它记录了下来，心里有一种说不出的滋味。

在座位上呆坐了半个小时后，老师终于宣布整队上操场集合。我想也许马上就可以向汤山进发了吧，可事实并非我所想的那样，又是漫长的等待……

一个小时后，终于上了车，我一屁股坐到座位上，呼出一口气，靠在座椅上，用心想着汤山的样子、我们植树的样子……下车后，我看了一下表，大概是十点三十分。二十分钟后，我们来到植树的地方，人很多，全都挤到一个小丘陵上。我们手握着树苗，挥舞着铁锹，往坑里填土，大家脸上都洋溢着笑容，我也是如此，因为这是我生平第一次植树，希望那些小树能茁壮生长。

一个上午很快过去了，我们选择了一处满意的地方进餐，大家各自拿出自己带的食物彼此分享着，很和谐，也很愉快。

简单吃完饭后，我们又接着向集合地点出发。集合地很远，只能步行，虽然很累，不过倒是比坐车有趣多了，我们相互开着玩笑，嬉戏着，每个人很快乐。

这次的春游没有太大的感想，大多数时间都是等待，去的地方也不是很有趣，我只是希望不要让电子产品代替了朋友，代替了友谊，霸占了那些美好时光。无论春游去哪儿，好不好玩儿，只要有了朋友的陪伴，有了那爽朗的笑声，那我们的生活将会多么快乐，那将会是一段多么美好的回忆啊。

夕 阳

傅 雨

　　傍晚，悬在空中的太阳终于失去了光泽，趴在地平线上，顽皮地蹬着脚，变成了橘红色。

　　月亮已经将自己置于太阳之上了，但依然如水般恬静地笑着，若隐若现地注视着太阳。太阳像个慈祥的爷爷似的，散发着温暖而又甜美的气息，小心翼翼地渲染着天空和白云。在他周围的一切都变得温馨了，柔和了，彩虹模样地笑着、闹着，好像怕波及了其他的事物，一切都默默的。他们的欢乐似乎在膨胀着，好像每一株草、每一棵树都散发着夕阳般甜蜜的味道。

　　太阳鼓胀的童心全都喷洒出去了，广场上的孩子在闹，家长在笑。太阳上演着优美而华丽的圆舞曲，怡人地转了一圈又一圈，比绅士们还激情，比女士们还欢畅。他好像有点儿吃不消了，停止了旋转，天又暗下去了一点儿，但这场舞会，不但没停止，反而更艳丽了，太阳更兴奋了，将地平线笼罩了起来。山儿，树儿，花儿，草儿，连楼房的轮廓都金灿灿的，好像是有谁给他们盖上了一层灿烂的、金黄的鸭绒被一样。

　　终于，太阳累了，窝到了地平线的另一边。天顿时暗了，广场中的阳光也随之而去了。云朵儿听蓝天说："再见，我也要和太阳去另一边了。"云朵儿们急了，拉着太阳不肯放手："再玩一会儿嘛，再玩一会儿嘛！"就像孩子般撒着娇，谁知自己也被拉过去了。"明天，你还会来吗？""会，当然会！""那你什么时候来呢？"孩子跑到了前方，又继续跑。"等你追上我了，就能和我在一起了。"孩子信以为真，就拼命跑，最后也消失在视线中。

天空中，只剩下了一轮弯月，依然如水般恬静地笑着，只不过，更加皎洁，更加明亮了。

落　叶

史珈祯

　　初秋的阳光暖暖的，从林间缝隙照了进来。这金黄色的缕带，多像生命的希望！树上的黄叶也贪婪地享受着太阳的恩惠。这也许是它们最后一次这样舒适、安详地晒太阳了吧。

　　初秋的风也暖暖的，也许是不希望它们离开得很痛苦吧。树叶摇摇欲坠，只有一根细细的茎连接着叶和树枝。叶子不敢松，也不肯松，因为多在树上停留一会儿，它生存的时间就长一些！它不想放弃生的希望！但它终究还是要离开的，生命之轮仍在转动。风催促了它一下，它点了点头，在和大树短暂的告别之后，落叶依依不舍地踏上了不归路。

　　落叶有些留恋，但总会离开。它想着平日里的点点滴滴，带着三季的回忆，启程了。又是一帘幽梦——落下了。

　　叶子慢慢地下落，慢慢地，缓缓地，不停地打着旋。它有些不甘，有些遗憾。为什么它要在这灿烂的时光中落下，在不舍的回念中死去……它把它的不满都倒了出来，但没有人能回答它。又是一阵暖风，叶子下坠的速度加快了，落叶上下翻飞着，舞蹈着，好像在演绎着一幕没有观众的话剧，一部属于它自己的话剧——它的一生。

还有十秒，叶子将永远离开。

倒数第十秒，它想到了它刚刚从枝干中冒出来的欣喜。

倒数第九秒，它想起了同伴的微笑。

倒数第八秒，它想起了自己凝结出果实的自豪。

……

倒数第二秒，它想起了大家对自己的关爱。

最后一秒，它发现自己其实是幸福的，有那么多人爱着它，关心着它。

在最后一刻，这片落叶学会了放下，发现了生命中的美好。这片落叶带着美好的回忆，在生命之河中消逝。

生命之轮，永不停息。人生也是如此，在不断地放下中，才能发现生命的美好。

爆米花开

张远帆

　　"你害怕吗？"我轻轻地问道，声音发颤。我和众多玉米粒一同被推进那大张的黑黝黝的"嘴巴"。阳光在"嘴巴"闭合的缝隙中溜走，它不愿在这儿煎熬。我的心跳随着温度的升高而加快。忽然这不知名的器皿飞速旋转开来，我也吓得大叫起来。周围的玉米粒或狂呼或大哭，我也吓得几乎哭出来，可温度的升高使我体表的水分被瞬间蒸干，我看到自己金黄色的皮肤在开裂。我讨厌这个可怕的地方，我痛恨这个可怕的地方。撕裂般的痛楚和干渴的喉咙让我无力喊叫。我听到柴薪兴奋地呼号，外面噼里啪啦的声音在我耳中交织成死亡的交响曲。什么时候此曲终了？那时，我是不是就要炸裂了？

　　正当我感到绝望之际，耳边轰的一声炸响如惊雷，我的五脏六腑仿佛都震碎。这回真的要完了，我的身体被强大的气流拉扯着，我瞬间感到连阳光都如此可怕，仿佛在炙烤着我。

　　忽然，一阵乳香钻入鼻孔，我浑身一震，犹犹豫豫地睁开一只眼睛，再睁一只眼。不可思议，我看着自己肥肥胖胖、冒着乳香和热气的身体，心又开始狂跳，仿佛新生一样。我以另一个姿态活着，虽没了金色的衣裳，却有了一层乳白色的薄纱，透着自然和美好的香气。

这时我才意识到：原来，那黑色的器皿是我新生的传送机；原来，柴薪的尖叫不是幸灾乐祸，而是给我的支持和鼓励；原来，那痛苦的过程不是可怕的折磨，而是对新生的热情与期待。

爆米花开，经历的是痛苦，收获的是新生，艳红的火苗不可怕，那是成功彼岸的烟花，那乳香浸透了年华。

爆米花开是新生，是历练，并不可怕。

游戏与心情

一　凡

不知怎的，我每次玩完游戏后都会很后悔。

对于每个星期五的到来，我真的不知道是期待还是排斥。施广伟已经离我们而去了，陈伟豪、高昂、盛欣毅这三个家伙每个星期一都怂恿我玩电脑。到了周末，好了，脸一横，一甩手，"潇洒"地说："你水平太差，自己练练再说吧！"这就让我气得要命。

回到家里，他们又突然发QQ说带我一起，又说什么五缺一，三打三啥的救个场，跟打麻将没啥两样。我最后总是"潇洒"一句"电脑卡，不来了"，然后拖他们后腿，自己偷着乐。

我妈说她看到有人QQ上说："突然觉得玩游戏好无聊啊！"我深有同感，可不，游戏玩完了，后面干什么？你得到了什么？完成了什么？假如你说花了多少钱，升了几级，和现实有什么关系？一删除，哗啦啦，一忘皆空，什么都回到了起点，然后你就开始生气。

昨天和前天我好像特别有兴致，连续玩儿。玩儿啊！多么有意思啊，我当时就是这么想的。后来从书上看到，古代吸食鸦片的人都是这么想的。我吓了一跳，原来我眼前这方方正正的东西，竟然是鸦片做的。说不定不久后的一天，林则徐的后代便会"虎门销电脑"。

我在想，我们班上已经有不少"毒瘾子"了。方正的施广伟烧掉了电脑，毒品是终会让人异想天开的。

我决定传承施广伟的意志："绝不跟疯子在一起！"

给爸爸一个惊喜

周尧尧

不知不觉中，爸爸的生日又悄然来到。往年里，我总是忽略这个日子，可现在我长大了，爸爸每天日夜操劳都是为了我，我应该为爸爸做些什么了。

回到家后，我在客厅里踱步，苦思冥想着该给爸爸准备一份什么样的礼物。一束花？不行，爸爸可是爷们儿，对于花可不感兴趣。一张满分卷子？不行，这显得太平常了。一份礼物？又来不及准备了……我左思右想，还是想不出一个好主意，算了，干脆一些，说句"我爱你"就行了。

老爸下班时间到，门铃准时响起，我兴冲冲地跑去开门，刚一开门，我便扑了上去，咦？今天老爸怎么瘦了许多？我定睛一看，我的天！抱错人了！原来是查煤气的，他见我这气势，吓了一跳，我赶紧捏了一把汗，小声说道："没什么，请进吧。"

过了一会儿，门铃又响了，有了上次的教训，我变得格外小心，门一开，果真是老爸！霎时间，我想说的话却怎么也说不出口了，老爸见我呆若木鸡地站在门口，赶紧说道："愣着干什么，快去写作业啊！"我只得服从命令，灰溜溜地跑回了房间。

两次失败的经历，让我失去了信心，也终于明白了什么叫作"爱在心头口难开"，但我决不能被挫折击倒了，我决定鼓起勇气，再试一次。

整理好心情后，我重又走到了老爸的身边："老爸，我……爱……你。祝你生日快乐！"我不顾脸上的高温，终于说出了在我心中酝酿已久的话。老爸先是一愣，脸上瞬间变得通红，心里乐开了花，然后对我说："孩子终于长大了，终于懂得感恩了！"看着老爸高兴的样子，我也高兴极了。

俗话说："滴水之恩，当涌泉相报。"更何况父母、亲友为你付出的不仅仅是"一滴水"，而是一片汪洋大海。作为我们，却只知道饭来张口，衣来伸手。怀着一颗感恩的心，去看待父母，你将会发现自己是多么快乐。

月 圆 中 秋

卢雨晴

那月，不是秦时月，不从关山来。

就是那么满，像是描画出来的一剪凄艳，是一圈优美的弧。

从南京到安徽其实并不远，却又很远。我克服了从小就晕车的习惯，匍匐到安徽这个有时都叫不出名字的小镇来，只因一个"圆"。

这里我很熟悉，小时候就住在这儿，这里的大街小巷，我都能叫出它们的名字。好像见到了久别重逢的友人，朝它们挥挥手，甚至还能看见小时候在路边墙上刻下的杂乱无章的痕迹。

月色更浓了，却没有要沉睡的意思，鞭炮的响声和花灯把世界打扮得热闹极了。月亮却不食人间烟火，独自清雅去了。

家人唤我，我只好回去。

家里的人很多，有认识的，也有不认识的。他们都爱笑，互相聊着，好像很投缘，一笑起来就叮叮咚咚的。妈妈把我的瓷碗里填满了米饭，热腾腾的，闻起来很香，是"圆"的味道。

餐桌上，高脚杯碰在一起，发出的声音和家人的笑声融在一起，很"圆"。

我却起了身，来到庭院，外面依旧是万家灯火，花街灯如昼。

满月却是寂寞的，横贯中天。

一半天上，一半人间。

它是苍白的，是柳永酒醒西湖，乘着小舟从二十四桥赶来时天空上的明月。千年的跨越，人们说它"圆"满，送给它华丽的诗词霓裳，让它在人世欢庆。殊不知，它早已后悔偷了灵药，努力地蜕为一个满"圆"。它好像在自嘲，还是听惯了嘲讽，而无所谓地轻佻一"圆"？

我突然同情起月亮来。

院子里有桂，却不是十里飘香，细细一闻，才有桂花苍白的香。

月，原来不圆。

凡世如此平常、幸福。而天宫是冰冷的，明月不知，独守夜色。

家人唤我的小名，叫我回去，声音圆润好听。

世人怎会体会到明月的"缺"呢，我在庭院里用指尖画了一个"圆"，送给月亮。

中秋，就在"圆"和"缺"里度过。

小 煤 球

熊 驰

"小煤球！小煤球！"我大声喊道，"你在哪儿？""别喊了，我来啦。"只见远处人海中一个胖子跑了过来。他梳着一个小平头，浓眉小眼，大鼻子，大耳朵，厚嘴唇，圆脑袋，黑皮肤，此人便是"小煤球"也。

当你听到这个别称——"小煤球"时，你或许会认为他是只小猫或小狗之类的宠物吧，其实他是我刚认识不久的同学——田修华。

若谈起此娃儿，用顽皮来形容他最为恰当。

真是个顽皮的娃儿呀！我心中感叹道。"怎么这么不小心！"教官在旁边教育道。这是军训时的某天晚上，训练一整天了，终于可以回到宿舍好好休息了，此时此刻是最令人激动的时刻，也是从一楼到五楼这段楼梯口最热闹的时刻，每个人都急切地想回到宿舍中，"小煤球"也不例外。只见他屁颠屁颠地向前奔跑，渐渐地他那顽皮的性格"爆发"了出来。当他走到我们隔壁的一间宿舍时，他将头伸到门内大吼几声"巴拉巴拉"，也许这一刻他真的是特高兴，可下一刻是令他万万没想到的。兴奋过头的他收回头继续向前跑，可刚迈出第一步时，只听咣当一声，他的额头上方流下了一道鲜血，他那灿烂的笑容也随之烟消云散了，只是伤心地"哦"了一声，正所谓乐极生悲啊。

虽然"小煤球"很顽皮，但也常做"活雷锋"。

记得一天晚上，皓月当空，万物都显得格外宁静！突然，我们听到洗手池那边传来水哗啦啦的声音。我和我的舍友们都惊呆了，大家七嘴八舌地议论起来，最后一致认为这里猫多，所以一定是猫在戏水。可哪儿来的猫呢？谁也不知道，于是我们便决定选一个人下来查看一下，最后还是"小煤球"右手拿着打猫棍，左手握着手电筒爬下床。哪知他刚下床，水声就消失了，也没见着猫。"小煤球"说："我守会儿夜，你们睡吧，等有猫出来了我再喊你们。"谁知一会儿他竟坐在床上睡着了，同时我们也明白了原来那并不是猫戏水，而是水管道的流水声！

其实每个人都有不同的性格和特点，他们就似夜空中的繁星，对我来说"小煤球"就是其中之一。

"小煤球！小煤球！""干吗？""没什么。"我扑哧地笑了。

简简单单的快乐

幕 府 山

姜卓馨

我家附近有一座山，名叫幕府山，我经常去那儿爬山。

春意盎然的春天，山上一片生机勃勃。小草们脱掉了棕黄色的棉袄，跟着春风姐姐一起翩翩起舞，桃花、杏花、梨花都伸展着腰身，欢迎新的一年的到来。人们有的迎着轻风在打着太极拳，有的在画板上写生，有的在拍摄美景……春天是活力四射的！

烈日炎炎的夏天，植物们见人们被太阳晒得大汗淋漓，不由得努力伸展着枝干，让枝干上的树叶长得再大一些，再密一些，让阴影更多些、更大些，为人们提供最原始、最天然的服务。人们似乎也感应到了植物们的好意，纷纷走到树荫底下，有的驻足小憩，有的悠闲聆听音乐，有的专心读书……夏天是其乐融融的！

秋高气爽的秋天，小草们穿上了草黄色的毛衣，摇摆着小身子，果园中硕果累累，空中弥漫着成熟的气息，其中最有趣的便是这玉兰树了！它的叶子有的绿、有的黄、有的紫，人们喜欢把它收集回家做成美丽的书签，还有人喜欢登上幕府山的最高处，看着那惊涛拍岸、波涛滚滚的长江，感受着长江连绵不断、永不言弃之意……秋天是五彩缤纷的！

　　白雪皑皑的冬天，虽然有的树叶子已经凋落，可是经过了雪花的装饰，变得更加美丽了。远远看上去，不是树枝，倒像是雪枝了。每到下雪时，雪花飘飘洒洒、纷纷扬扬地飘荡，别有一番韵味。人们通红着脸，边搓着双手边向空中"喷云吐雾"，丝毫不受寒冷的影响，一往无前向上攀登……冬天是无所畏惧的！

　　咦，这里有封来信。哦，上面说，幕府山正等着你去做客呢！

苦　难

田修华

　　我没见过我奶奶，我出生时奶奶已经去世，一天晚上，我从爸爸的口中，知道了我奶奶生前的一些苦难经历。

　　奶奶小时候对针线活特别感兴趣，看到大人做针线活，她也学着做，有一次不小心，一针戳进了眼睛里，可惜她那时还小，不敢跟父母讲，导致了她以后那只眼睛几乎失明。

　　成年后，家里很穷，没什么吃的，为了维持生计，奶奶每天在生产队忙完后晚上去附近的水泥厂搬石头。水泥的主要原料石头是从外地用船运过来的，那时还没有什么机械化设备来将石头运上岸，全靠人力。有时一个大石头要几个人才能搬得动，那可是壮实男人干的活，可是奶奶却经常这样不要命地干，深夜回到家也没什么吃的，喝点儿水就饿着肚子休息了。

　　爸爸说，那时候的主食经常就是大麦面做成的糊状的粥，难得看到大米。为了解决吃的问题，奶奶很聪明，找了块向阳的荒河坡开垦，种了点儿红薯，每年能收些红薯，青菜和红薯加水烧烧就是晚饭了，爸爸说那个东西没有油，非常难吃。

　　每年冬天可以在麦田里穿插种些大白菜，在腊月收获后，奶奶和我的大舅爷爷一起撑船到外地去卖。那时没有电动马达，全靠自己撑，晚上寒风嗖嗖，他们就睡在船洞里过夜。

卖白菜时，买菜人常常是将大白菜外面的好多叶子剥掉，只买菜心，奶奶看了非常心疼，把菜叶收集起来带回家吃。还有一次卖菜时，奶奶被别人挤掉下了水，两条腿全湿了，一会儿后衣服都结冰了，又没衣服换，冻得直哆嗦。

奶奶一生艰辛、勤劳、清苦，最终积劳成疾，导致她四十九岁就早早离开了人世。

听爸爸说完奶奶的经历，我心里酸酸的，奶奶为了家庭任劳任怨、含辛茹苦，将子女们抚养成人，但一生从没享到什么福。现在生活条件好了，有吃有穿，奶奶却已不在。然而奶奶对命运的抗争，那种不认命的精神，我将铭记于心！

牙齿的一次恶作剧

夏　凡

只听嘎嘣一声，紧接着感受到一阵剧痛。我急急忙忙地把饭咽了下去，跑到镜子前一照，天哪！一颗牙居然晃动了。一时间我不禁联想到牙医，就是那个手拿钳子、身穿白大褂的人。我不去，我坚决不去那个鬼地方！不能让妈妈知道我的牙齿晃动了。

第二天晚上吃饭时，一向狼吞虎咽的我却像一只乖巧的小猫。"夏凡，今天哪里不舒服吗？"妈妈瞪大眼睛望着我。我低下头去，回避了她的视线。"没有啊！"没想到，我一说话，一分心，食物竟然和那颗晃动了的牙来了一个亲密接触。我的脸迅速涨得通红通红，牙齿紧紧咬住了嘴唇，那种痛苦就像电流一样传遍全身，我还不能叫！唉！真是哑巴吃黄连——有苦说不出啊！一抬头，只见妈妈的眼睛眯成了一条缝看着我，坏坏地笑着："是不是有颗牙晃了？""没有呀！""不可能，你瞒不过妈妈的。走！我们赶紧去医院！"唉！还是被妈妈发现了！

时间一分一秒地过去了，离医院的距离越来越近，心脏跳得越来越快，泪水流得越来越多，腿抖得越来越厉害，医院的怪味越来越重。

到了医院，只见妈妈先填门诊手册后挂号，一切都是那么顺利而快速。我多么希望我能让时间暂停……或者让医院停电也行！但是一切都是不可能的。妈妈让我跟她走，可我脚上像钉了钉子，一步也迈不开。最后还是妈妈软磨硬泡才把我拖到医生面前。

这个医生非常好，技术高超，特别能明白小孩子在想什么。于是他"大发慈悲"地完成了我拔牙前最后的愿望——拔轻点儿。

只见这个医生拿着医用钳子，信心十足地来帮我拔牙了。我嘴巴张得快撕裂了！他拿了个小镜子，在我嘴里左照照，右照照，然后用镜子的背面左碰碰，右碰碰，最后问我一句："晃动的是哪颗牙？"我和我妈都无语了。这医生第一次够轻，没拔下来。好吧！我不怪他！人总有失误时。可是他不立即拔第二次，反而悠闲地擦擦头上的汗。那时候我终于体会到一个成语的意思了，什么叫作"生不如死"。

好不容易拔完了牙！我的痛楚立即就没了！我哼着小曲儿，一蹦一跳地离开医院，挽着妈妈的手奔去肯德基点了一堆好吃的：金灿灿的薯条、香喷喷的鸡翅、凉冰冰的饮料……吃得我满脸都是油，我都来不及去擦！我边吃边想：拔牙其实就是想起来恐怖，真的操作时好像也不是那么恐怖嘛！还是我已经有了对抗苦难的能力了呢？不管了！还是先吃鸡翅吧！好幸福啊！

幸　福

于昊挺

看着外公在田间劳作的身影，我的思绪不禁回到了三年前。

那天，我正无忧无虑、蹦蹦跳跳地走在回家的路上，直至到了家门口，把手提起来敲门的那一刻，我都没料到，这个世界将在下一秒改变。

门是老爸开的，家里烟雾缭绕，老爸看上去神情疲惫，我感觉到了屋里沉闷的气氛。小心翼翼地进了门，我看到老妈躺在沙发上，头发蓬乱，泪流满面，身后传来老爸沙哑的声音："外公……他……出车祸了。"

我顿时立住了，犹遭五雷轰顶，处理信息的大脑一个劲儿地告诉我：这不是真的！

然而事实从不留情！脑出血、昏迷、脱臼、多处骨折……不该出现的医学名词几乎都给撞出来了，我木讷地听着老爸讲述病情，心情越来越沉重，在一片混乱中，我全身阵阵发冷，终于，我再也忍不住了，跑进房间，趴在床上，任滚烫的眼泪流过脸颊，沾湿床单……我睡过去了。

一睡直至天明。

第二天傍晚传来了好消息：外公从昏迷中醒来了，一切都很稳定。我欣喜若狂，想着外公还能像以前一样和我一起捡板栗、摸螃蟹，我的眼泪流了下来，也许这就是喜极而泣吧！第三天，第四天……外公每天都在好转，能吃东西了，能下床了，每天我都迫不及待地给妈妈打电话，询问外公的情况。

外公出院了！见到外公时，他正斜躺在床上看电视，看着外公缠着绷带，饱经沧桑但依然慈祥如往昔的脸，蜜一般的快乐在我心头荡漾。

如今，外公的身体已经恢复了，一刻也闲不住的他又开始干起了农活。每次看到外公，我总会觉得，一家人平安融洽地在一起就是完美的幸福，而从痛苦中走出来的幸福，则格外甜蜜！

生命不能承受之痛

赵　煦

　　人生中最大的苦难莫过于离别，而比离别更令人痛苦的，是离别时没能好好说一声再见。2010年，没有任何告别，太婆就那样离我而去了。

　　太婆和我在世间的相处，细数不过七年。从我记事起，太婆就得了老年痴呆症，精神变得不那么正常，也常常忘事。但每次只要我回老家看她，她都会很高兴，孩子似的悄悄往我口袋里藏两块糖，用被生活磨砺得十分粗糙的大手攥住我的小手，努力地回忆我的名字，每每想起来了，都会笑得皱起满脸刀刻般的皱纹。妈妈说，我出生时，太婆还没有得病，知道自己有了曾孙女，高兴得不知所措，还连夜赶制了一双小巧精致的虎头鞋，让妈妈带给我。外婆希望虎头鞋能带给我平安。每次想起太婆的笑容，我都感到自己生命的可贵。

　　2010年，我刚满七岁，晚饭后正在家里写作业，妈妈的电话突然响起，她匆匆接起，站在阳台上小声说话，过了一会儿，妈妈猛地哽住了，良久，妈妈茫然地进来了："太婆走了。"走了！太婆走了！我呆愣在原地，看着妈妈泛红的眼眶。外面起风了，透过窗户的缝隙吹进来，从头顶一直凉到心底，月亮悬挂在树枝上，地上洒满了幽冷的光。三天后，我在太婆的葬礼上，目光呆呆的，周围的一切似乎都没有灵魂，吹拉弹唱的乐队，嘈杂的人流，只有窗台上的白纱布才真的像在告慰死去的灵魂。我望着太婆面容安详的黑白照片，仿佛下一秒她又会出现在门口，对我露出笑容。

去年秋天，我在家收拾房间，突然从衣柜深处找出了一双虎头鞋，鲜丽的颜色，细密的针脚，簇新得像一个从未拆封的梦。我的泪水突然夺眶而出，经过时间无言地洗刷与沉淀，那一刻，我真正接受了太婆的死亡，也真正意识到生活，有甜也有苦，有幸福也有苦难，这就是生命的真谛。然而透过难以下咽的苦难，我却莫名嗅到了一丝甜蜜与幸福。我终于释然了，这双虎头鞋即使再也无法穿上，也会一直在我心灵最深处珍藏。以后遇到再大的苦难，只要想起这双虎头鞋，心中就会涌起一丝幸福。

2010年冬天，生活用比往年更冷的寒风告诉了我它的真谛。苦难背后也有幸福埋藏，每一个与家人相伴的当下，都是人生中最美的花好月圆，请好好珍惜。

爱"拈花惹草"的王老师

许雨萌

他个子不高，眼睛小，全身都散发着幽默的气息，他笑起来的时候总能给人带来一种亲切感。这就是我们班的班主任——王林老师，我们都亲切地称他为"木木"。

王老师总是有想不尽的好点子，他创建了班级博客、新闻部、微电影制作小组，丰富了同学们的课余时间；他还带领着同学们一起装扮教室，收集素材，制作黑板报，增设了图书角和报纸杂志区，让同学们畅游知识的海洋；老师还把大家带来的四十二盆花草放在了教室内外的各个角落中，为班级增添了一抹绿色。这样的一个"绿色花园"，老师十分呵护，一有空儿便去给花草浇浇水，晒晒太阳，用他的话来说就是："这些小花小草要一直陪伴你们三年啊！要好好保护它们，它们也是一个个小生命。"于是，每天午后总能看见一个身影忙碌于花草之间，也正是因为王老师的这份细心呵护，这些小花小草才得以茁壮地成长着。

平时，王老师说的最多的话也莫过于："轻一点儿搬，别把它弄疼了！""把它们分开一些，挤在一起太不舒服了。""喜欢晒太阳就经常搬出去晒晒，还有要多浇水的，别把它们渴着。"

就在一天中午，我跟平常一样吃完饭回到教室，远远就看见王老师满头大汗拿着扫帚在走廊上扫着花盆的碎片。然后他一边提着洒水壶，小心翼翼地搬着新花盆，一边指挥同学填土。我感到十分奇怪，便问身边的同学发生了什么事。她说有几个调皮的男生刚刚挥着拖把奔跑打闹时，不小心打碎了一盆花，现在王老师都不顾休息，还在抢救中。我听了以后不禁被王老师爱护花草的这份爱心打动了，急忙过去加入了帮忙的行列中。

午自习过后，王老师讲到中午花被打碎这件事，跟我们大家说："今天中午有几个男生在走廊那里瞎闹，把花盆打碎了。我刚才听花盆打碎了，心里都咯噔一下，心疼啊！你看要陪伴我们三年的这些小花小草，一下子就有一盆'病'了，你们的心不疼吗？刚才那盆小花还不知道能不能救活了。"王老师说话时，目光中透着些许惋惜、些许无奈。

普通的一盆小花，老师却是如此关爱与呵护，我的心底流淌着一种说不出的感动。在我眼中，他是一位尽职尽责的好老师，每一盆小花，正如每一个学生，都凝聚着王老师的心血与汗水。

现在的小花园又恢复了往日的风采，变得生机勃勃。每当中午吃过饭后，我总能看见一抹身影，忙碌于花草之中。

简简单单的快乐

曹若萱

我的外婆六十七岁了，她个子很矮，看起来又瘦又小。她有一双粗糙的手，脸上布满了皱纹。外婆经历过很多苦难，但她却总是笑着把这些苦难当成故事讲给我听。

外婆是在中华人民共和国成立那一年出生的，她出生没几个月，她的母亲就把她放在箩筐里背着逃难，当时箩筐上还压着许多衣物，她险些被闷死。外婆开玩笑地说："我大难不死必有后福！"

外婆家境贫寒，她到了十几岁才上小学一年级。上了三年学后，家里就再也没钱供她读书了，她不得不辍学回家。直到现在，她也只认识几个字，仅仅会写自己的名字。外婆家连她一共有五个兄弟姊妹，她在家排行老二，辍学回家后就帮家里照顾弟弟妹妹们。她很小就下地干活，长年累月，手上早已有了厚厚的老茧。

后来外婆结了婚，有了三个孩子，生活仍是艰苦。外婆是菜农，种着几亩地的菜。种菜最是辛苦，人没有空闲的时候，从早到晚都得在地里忙活：翻地、播种、锄草、施肥、浇水……少了哪一样都不行。好不容易等菜长好了，还得采摘下来拿到集市上去卖。外婆常常早上四五点就起床了，挑着百十斤重的担子走几里地去集市上卖菜，汗水常常浸透衣裳。

那天，我又一次听外婆讲完她的故事。我问："外婆，你经历过那么多苦难，那你还幸福吗？"外婆微笑着说："怎么会不幸福呢？虽然我以前吃过很多苦，但孩子们都长大了，现在日子过得多轻松啊！不愁吃不愁穿，我很知足，很幸福。"啊！经历过这么多苦难的人却说自己幸福！原来，知足就是一种幸福。

外婆的幸福让我明白了人要懂得知足。生活不是一帆风顺的，不要因为一点点小事就不开心，要调整好自己的心态，把事情想得简单点儿，学会知足，就会得到幸福。

忘　年

李心宇

又是周末，我又回到了"老地方"。

一座座老房子如同往日一样，伫立在地上，只是细看发现墙上又多了几道裂纹。楼下的小公园没有颐和园的壮丽，没有苏州园林的精巧，却多了几分生活气息。我还依稀记得，在我刚上幼儿园的时候，每天放学总是能看见一老一少在小亭子里下棋。

从小，爷爷便教我下棋。到了幼儿园大班的时候，我的水平已经和一些大人差不多了。一次放学早，我看到有人下棋，便立刻凑了过去。

交手双方一方是小区里德高望重的老教授，一方是重点大学的高才生，真可谓强者对话。一开始，哥哥先开始了猛攻。老教授似乎显得没有招架之力，只能消极防守。哥哥更是趁机下出了一步又一步的妙棋，赢得了观众们一阵又一阵的掌声。但几位老者却不以为然，一位满脸微笑，仿佛已胜券在握，另几位用标准的老南京话交谈着，最后不知说了什么，大家都笑了起来。那位哥哥似乎也有一帮铁杆粉丝，他们激动地站了起来，紧握着双拳，不时大喊一声"对！""好！"并大幅度地晃一晃拳头。

突然，战局似乎出现了转机。老教授给自己倒了一杯茶，喝下去一口，轻轻地把一枚棋子一移，观众们似乎都被惊呆了，过了好一会儿才传出一阵山洪海啸般的掌声。哥哥面色铁青，好像破了个洞的皮球，眼看着就瘫了下去。他的粉丝也没了精神，如霜打的茄子般，呆呆地坐了下去。可是计划不如变化快，哥哥似乎又想出了破解的办法，双方重又开始电光火石般的对攻。太阳渐渐西沉，人们却依然围在这里观看比赛。终于，随着哥哥用力一拍，双方都再也没有能力将死对方，双方平局结束。

　　老教授又给自己倒了一杯茶，唱起了《茶馆》："年轻的时候有牙没花生仁，老了以后有花生仁没牙……"

　　一阵风吹过，吹起了老教授满头的银发，也将我吹回了现实。如今，哥哥去了德国深造，而老教授去了天堂，和天使去下棋了。

　　回家的路上，我执意要去扫一下老教授的墓，一个没有儿女的老人的墓显得格外冷清，奇怪的是，墓前却整齐地摆放着一副象棋和一朵还未凋谢的白花。

一 叶 知 秋

张子琪

俗话说"一叶知秋"，可真没错。当第一片绿叶慢慢变黄、飘落的时候，秋天便来了。

"啃秋食，养秋膘"，这是无论大人还是小孩儿都喜欢干的事，而我却喜欢在秋风习习的夜晚独坐。窗户半开着，一点儿黄晕的光烘托出宁静而祥和的夜。灯下，一本书，一杯清茶，淡淡的书香，混着香茗的气息，袅绕在心头……

风，轻悄悄的；心，暖洋洋的。秋，给人带来美的享受。

当清晨的曙光照耀在广阔的大地上，洒在金黄的树叶上，一轮红日缓缓地从东边升起，那么优雅迷人，金色的光芒亮却不刺眼，宛如一位慈祥的母亲，静静地、轻轻地抚摸着她的孩子们。啊！真令人陶醉其中。闭上眼，我仿佛身临仙境一般，飘飘然。

如果你认为秋天只是"如海的高粱举起火把，无边的大豆摇响铜铃"一样，那就是大错特错了。秋的美不只存在于田野间！每年回老家，我都忘不了那屋檐下的美景。

秋天栖息在老家的屋檐下，家家户户的窗户跟前，一串串的红辣椒，一嘟噜一嘟噜的土栗子，一挂一挂的干香菇，一穗一穗煮熟了留到冬天吃的玉米棒子，火红火红的，金黄金黄的，大片大片满是的。天然的墙纸，衬出了小村庄的富裕。啊！秋，是五彩缤纷的，是令人喜悦的。

秋，这个迷人的精灵，它给人们带来美的享受和那丰收的喜悦。它让人们过上幸福、美满的日子。

秋 意 浓

王 涵

一场秋雨一场凉，秋风吹过，微微有些凉意。秋，来了！

清晨，正在上学的路上走着，莫名有一股幽香飘来，一股清新的味道在空气中荡漾，细细闻，却也不腻，哦！原来是桂花！往路边的小树看过去，树上满是黄灿灿的桂花，这儿一团，那儿一簇，你不让我，我不让你地竞相开放。细看，一小朵一小朵挨得紧紧地，花儿由四片花瓣组成，用手微微触碰，花瓣是那么有质感。中间的花蕊是橘黄色的，有些已经全开，有些虽是花骨朵儿，却好像马上要裂开，与绽放的花儿比美。

枫叶永远是秋天的象征。当它是绿色时，并没有怎么引人注目，可一到秋天，枫叶就整片整片地红起来，像火一样，一团一团的。对我而言，枫叶最美的时候是被雨水冲刷之后，那红红的叶子经过雨的洗礼后更加鲜艳；雨停了，太阳出来了，叶儿上还带着点点雨滴，在太阳的映照下闪闪发亮。这时，一位穿白衣的女孩儿闯入画面中，小心翼翼地摘下几片红枫，我想：她是拿回家给自己做书签用的吧！

秋，也是收获的季节。稻田里的麦子熟了，风吹过，稻浪起伏，布谷鸟开始啼叫，农民伯伯洋溢着笑容，大声吆喝，各家各户、老老小小都下田，各做各的一份事去。住在海边的渔民也纷纷下海，在晶蓝的天空下，扬起白色的帆，撒下大片的网，一旦捕到满满的一网鱼，渔民那朴实的脸上便展开喜悦的笑容，人人都希望有个好收成！

最先拥抱秋的是桂花，最先感受秋的是枫叶，最先收获秋的是农民，而最先陶醉在秋天里的是我……

醉在秋天里

许智雅

　　清晨，推开门，一股清甜而湿润的气息扑面而来，如晨雾，似果香，若隐若现。我醉在了秋风里。

　　秋风是金色的。秋风里的树林，那般凉爽，那般寂静。万籁俱寂，只剩下秋叶不时唰唰飘落的声音。每一阵秋风，都是一场金色的雨，洗去了夏日的闷热，带来了秋的恬静。草地也盖上了金黄的被子，沐浴在秋日的阳光里。

　　秋雨和夏雨比，则要细腻得多，淅淅沥沥地抚弄着小草，融进泥土里。一夜之间，屋檐下，草叶上，都是它留下的痕迹。雨后的空气，多了一分清新。孩子们也纷纷出来了，骑着车，赛着跑，荡着秋千，欢声笑语，好不热闹！

　　或许是受了秋风和秋雨的感召，原本还孕育着花骨朵儿的菊争相绽开了笑脸。红得绚丽，像燃烧的烈火；金得灿烂，像温暖的阳光；白得淡雅，像拍岸的浪花；绿得清新，像晶莹的翡翠。它们迎着秋风，热热闹闹地聚集在一块儿，秋日的阳光暖起来了，毫无萧条之感。这些秋菊，一片连着一片的，即使你在远处走着，风也会把它们的香甜送到你身边。宁静的秋夜里，蟋蟀的歌声与忽隐忽现的花香应和着，伴你进入梦乡，别提有多美好。

秋是一幅多彩的画，秋是一杯香浓的茶，秋是一首婉转的诗，秋是一个美好的梦。

秋更是一杯酒，令我陶醉。

爱情最美的样子

赵　煦

前段时间《港囧》上映，我忙里偷闲陪妈妈去观看。比起《泰囧》，这次《港囧》走的温情路线让我有点儿意外，但透过妈妈泛泪的眼眶，那个年代的爱情通过炙热的泪水传递出来，诚挚得让我感动。

在颇具香港特色的小街小巷里追逐，配上20世纪80年代的怀旧金曲，让人笑出眼泪又回味悠长。走出影院，妈妈有点儿恍惚，沉默了许久，她轻轻笑了："感觉好像又回到了大学的时候，好多情节都回忆满满啊！"我好奇地仰头望着妈妈，关于爸爸妈妈的故事，我早已听了许多遍，但每一次都有些别样的回味。

爸爸妈妈是高中同学，那时候校纪校风都很严格，情窦初开的少男少女们之间既青涩又纯洁。上了大学，他们自然而然地在一起了，爸爸妈妈是初恋，因此很不被大家看好，但一路风风雨雨仍走下来，其中的辛酸也不是旁人可以懂得的。爸爸大学上的是军校，纪律严明，难得和妈妈见一面。在那个通信技术还不发达的时代，他们平时交流全靠写信，爸爸每周都要写几封，每一封信都很长，爸爸说："信是写得完的，但写不完的是深深的思念啊！"对妈妈而言，那时每天都要去校收发室查看有没有信件，收信时的那份内心喜悦，至今仍然记得。后来毕业了，本以为遥遥思念的日子终于结束了，没想到，上天又和这对年轻人开了个小小的玩笑。爸爸的工作被安排在了溧水，妈妈则留在了南京，从此"双城生活"开始了。但地域的不同并不能阻挡他们的坚持，每周末，爸爸都会坐大巴去看妈妈，无论刮风下雨都不能阻拦他的脚步和坚定的心，车票堆了厚厚的一沓，至今仍被收藏在家里。后来，就像《港囧》里男主角一样，他们有了一个幸福的小家，但柴米油盐酱醋茶的平淡日子也并不轻松。再加上"双城生活"的艰辛，爸妈之间也偶有摩擦，但他们彼此包容，相互珍惜，一路携手走来。他们有着如同天下每一对夫妻的平凡生活，但同时又拥有着天下独一无二的爱与幸福。

　　写下这篇作文的时候，妈妈在一旁的灯下给爸爸发短信。此时的妈妈不再是当初青春美丽的少女，爸爸也成了有点儿啤酒肚的大叔，但透过他们连眼角皱纹也快乐上扬的脸庞，我仿佛看见了爱情最美的样子。

飘着花香的微笑

吴婉莹

我家的楼下开着一家花店，店名不像别人家那么文雅——全宇宙花卉批发市场，这个名字又俗气又夸张，让人对花雅致美丽的印象唰地就灭了。

正是因为这家花店的存在，楼下的坡底，没一天是干净的。水和花瓣花叶总是霸占着地面，还不停地有脏水从花店泼出，麻烦极了。

更可恶的是，有一次我低着头踮着脚小心翼翼地从那里走过，啪，一盆水正泼在我的面前，差一点儿便"正中红心"，鞋头上沾上了水，湿了。抬头一看，一个中年妇女正拿个大铁盆冲我笑了一下就回店了，连句"对不起"都没有！也许正是如此，我每每经过这家店，都忍不住厌恶地皱眉。那家店的生意并不好，至少在我看见时，从没有一个人进去过。为此，我还幸灾乐祸地想：呵，谁叫你不尊重人呢？活该！

但是，这些不好的印象都像是伏笔，为最终的真相而铺垫着。

2月12日，情人节的倒计时已经开始，早早地，各家商店都挂出了节日的装饰，这是花店的好日子，玫瑰自然可以让他们大赚一笔。清晨，我就看见那老板娘坐在店门口的小凳上，身旁堆着一捆捆玫瑰，足有一米高，橙色的灯光在未开门的店铺中显得格外的突出和清冷。

因为上一次的事，我心中一直有着隔阂，这是第一次注意她的容貌，她脸上的皮肤黑黄没有光泽，额头上是一排排抬头纹，嘴唇又厚又干，还起皮。她手上拿着去叶刀和剪刀，一支一支地细心修剪，手粗糙，上面还有着一块块的突起，是茧。放学后，她还坐在那儿，用去叶刀把剪好的花去叶。她的动作很慢，嘴角向上弯起。她低着头，我看不清她的表情，但我能感觉到那种温暖，那花就像她的孩子，昏黄的灯光下，黑色的像是剪影，看着看着，心变得柔软起来……

情人节到了，很想买支玫瑰给妈妈。但我明白，今天的花一定都贵得要命，玫瑰更是成倍抬价。我悻悻地推门走进店里，抽出一支火红的，不抱希望地问："多少钱？"她不说话，眼神有些惊讶。我有些不好意思地说："给妈妈的。"她的目光变得柔和，用手比了个五。这让我有些惊喜，分明和平常一个价！我再次确认："五元？"她点点头，不说话。我递给了她五元，正要走，她一把拉住了我，把我手中的花插回了桶里，又抽出另一支，然后转身径直走进了房间里，关上了门。

"她要干什么？"我想。我蹲下身，拿起了之前选的花仔细观察着。花虽然红，但在最底下的花瓣却有些发黑，似是将要衰败。正想着，一支包装好还扎上了丝带的玫瑰递到了我的面前，我看看她，正准备付包装费，她却摇摇手，微笑着把我推出店门。

我转身道了声谢，她还站在店中隔着门望着我，在玫瑰花的

简简单单的快乐

包围下微笑着，那笑似乎随着花香飘进心里。回家的路上，总感觉到一股温暖环绕着……

后来我才知道，那老板娘是聋哑人，不是不说话，只是不能说。但我却觉得听见了那笑容中的祝福，"祝你快乐"一遍又一遍回荡着……

再后来，花店关门了。但花香里飘出的微笑还萦绕在心头，一直，一直。

奇 魅 之 夜

张子琪

窗外，云厚厚的，阴雨还未散尽。风不算大，但早已没了那"吹面不寒杨柳风"之情。路灯散发出的光是幽幽的，今夜绝不平常，冥冥之中，感觉到。

嗡嗡……嗡嗡……嗡嗡……"嗯？"半夜睡梦中的我猛地被一只蚊子的哼声惊醒了，"哎？"半梦半醒的我揉了揉眼睛。现在是秋天，怎么蚊子还出来活动呢？真奇怪！那蚊子声和这个问题一直缭绕在我的心上，加上黑得出奇的夜，让我一时无法入眠。

其实，今夜对于我来说，本身就是个不眠之夜……我是个对手机有依赖症患者，每夜手机都要放在床头才能睡着，因为手机可以给我带来安全感。但是昨天，手机病了，今天在"住院"。所以，今夜我直到十一点四十分才入眠。

没过几分钟，那嗡嗡声又响起在耳畔。重重的心事瞬间就被一把火给烧光！我跳下床去，打开台灯，抄起电蚊拍，坐在床边，静等着猎物。嗖——一道移动着的黑影从我的床上飞出来，消失不见了。啊哈！我半夜居然压着一只蚊子睡着了，真是太奇怪，太不可思议了，蚊子居然被我压了四个小时还没死！但等一下，蚊子怎么会在床上呢？难道蚊子也怕冷吗？

原本就心事重重的我，又多了几个疑问，便更无法入眠了。

窗外，冷冷的月光照得原本灰黑的石路越发白亮，瘆得让人心慌。树叶暗得发黑，小草也失去了光彩。漆黑一片，一个小时过去了，东方浮现出淡淡的鱼肚白。

云渐渐散去，太阳慢慢地把脸露了出来，万物都亮了。我明白："寒夜已过，秋晓将至。"那夜，"虽无眠，却悟其思，明其理"。

短暂又奇魅的夜终将过去，迎接你的，是永恒又不朽的光明！

我和鱼儿有个约会

卫生被扣了一分

宋佳雯

　　中午，我在黑板上抄语文作业，没写几个字就被今天的卫生组长康皓原打断了："马上要来检查卫生了，你能一会儿再写吗？"我点了点头。他立即用手三下五下把黑板下的台子抹干净，便出去找检查员。

　　一会儿，卫生检查员进来了，是一个个子很高，眼睛却很小的男生。组长康皓原和卫生委员刘子轩一左一右跟着，目光紧锁着注意他的一举一动，甚至连他眼神中的每一个细微的变化都不放过。检查卫生的男生先将黑板前的地面扫视了一遍，发现不脏，接着伸出中指和食指在黑板下的台子上擦了一遍，他抬起手，双眼紧盯手指，似乎没灰。他继续向前走，走到图书角旁，看见了一朵从书架上掉落的花，他的眼中一道流光闪过，捡起那花，还没等他开口康皓原就抢先开口解释："那个花扫地时还没有，是刚掉的！这个不能算！"检查卫生的男生似乎还想说什么，却没有说出口。

　　之后那个男生低着头开始检查地面，眼镜后的小眼睛敏锐地扫向地面，眼珠转来转去，不肯遗漏掉任何一个细节。终于，在第二个过道中，他发现了一个比指甲盖还小的纸屑，康皓原和刘子轩激动地道："哎呀！就这么小的纸屑，再给一次机会嘛。"检查员不理睬他们的哀求继续检查，又看到一个纸屑，坚定地说："这下必须扣一分了！"这时，不知是谁在班上喊了句："检查员你口袋里的纸屑可真多！"全班顿时哄笑，检查员也笑了，可笑完后还是说要扣分，最后大步流星地走出门，康皓原和刘子轩也急忙追出去，在教室外与检查员纠缠……

尽管那一分没要回来，但有这么热爱集体的同学们，我很自豪，与他们相处真好！

遇　见

于昊挺

马上就要迟到了！

我一路狂奔，希望能及时赶到游泳班。在一个路口，猛一拐弯，差点儿撞到一对夫妇，我紧急刹车后下意识地回头看看：早上八点的阳光金灿灿地斜照着他们的背影，令人觉得十分温馨。然而，男的挂着一根盲杖，女的则挽着丈夫的另一只手臂，试探着慢慢前行——原来是一对盲人夫妇。我脚上如同生了根一般立在原地，注视着他们金光下慢慢远去的背影，良久，方回首赶路，只觉得心中涌起阵阵悲凉。

又一天，老妈吩咐我去买卤菜，走着走着，又看到那对盲人夫妇迎面走来。两个人手上提着几个花花绿绿的塑料袋，透过袋子，隐约看到里面装着几个西红柿、几根黄瓜，还有一棵大白菜。他们手挽着手，借助盲杖慢慢前行，两个人细语交谈着，在他们的脸上你能看到发自内心的笑容。这一次，我没有停下脚步观望，但却感到了一丝欣慰：盲人的生活也能很快乐，多好！

假期的一天，我陪老妈去按摩店推拿，保健室的门轻轻推开，一位盲人师傅小心翼翼地踩着小碎步走了进来，是他！是那对盲人夫妇中的男主人！他轻声询问过老妈的情况后就给老妈推拿起来，只见他一会儿用拇指，一会儿用手掌心，一会儿用胳膊肘，一会儿揉，一会儿拍，一会儿按，手法很是娴熟。"对，对，对，就是这里！""嗯，师傅，你的穴位点得太准了！"推拿床上的老妈对师傅赞不绝口，"师傅，你的手艺真好！我找过好多师傅推拿，比较下来你最好，以后不舒服就找你了。"听了老妈的话我真心地为这位熟悉的陌生人感到高兴！

从初次偶遇到再三相遇，我从这对盲人夫妇身上体会了很多：或许你的命运很悲惨，但只要乐观、平淡地面对，你也会慢慢地变得幸福。如果你能更积极、努力、勇敢一些，你就能过上让自己满意的生活，并且获得别人的肯定和尊重。

我期待着和他们的一次次相遇！

拔牙"血泪史"

王群然

我坐在地铁车厢中，用一张又一张的纸擦着嘴，可嘴中的鲜血还是止不住地涌出，一点儿一点儿地滴落……

早上，我随妈妈来到口腔医院，医生让我去四楼拔牙。猛然，脑海中掠过幅幅画面——凶神恶煞的医生，咔擦声直响的大钳子……小时候的"悲惨回忆"一幕幕地在脑海中回放，难道今天，将"历史重现"……

我在妈妈的催促下一步步地挪到了拔牙的地方。原本慈眉善目的医生在我看来竟"目露寒光"，他在看完我的病历后便让护士送来两管麻醉剂。

"躺下，张大嘴，别乱动。"医生板着脸，冷冷地说道。我大气也不敢喘，连忙躺在诊疗椅上，等待暴风雨的来临。医生用镊子夹起消毒棉球，轻轻地在牙龈上擦了几下，随后举起一管注射器，注射器的针管在灯光下寒光闪闪，让人背后嗖嗖直冒冷气。还没等我反应过来，就感到口中一阵刺痛。随后，我便感到嘴里有一股液体在流淌，难道……不好！我连忙向漱口台中吐了一口口水——所谓"口水"，吐出来的却是大口大口的鲜血。

两次"吐血"过后，麻醉剂的药力开始发作，左半边嘴唇渐渐没有了知觉，医生也挥动钳子，双手同时用力，硬生生却又极为巧妙地将牙齿拔了下来。随即，又有一股鲜血涌出。医生让我用嘴咬着医用棉球便于止血，可如此一来，我的双唇受限，血便从嘴角不断溢出，可又因为麻醉剂药力未退，我丝毫没有察觉血液的流出，甚至惊叹胸前的医用围兜上的一大摊一大摊的血是从哪儿来的。

　　医生在检查完我的伤口后，叮嘱了一些注意事项，便让我回家了。

　　坐在地铁上的我，用尽了一包又一包的面巾纸，尽力想阻挡血液的溢出，无奈麻药药力未退，我对血液从哪儿流出毫无知觉，只能眼睁睁地看着鲜血一滴滴地留下⋯⋯

最熟悉的眷恋

许雨萌

　　蒙蒙小雨下的乡村，没有霓虹灯火，只是一片寂静。

　　雾气笼罩着渐深的夜，皎洁的月光洒落，为不远处的小山镀上了一层银边。

　　小河的水也静了，只有那轻悄悄的微风，抚过草丛，偶尔传来一声虫鸣。

　　天空翻出一片淡淡的蓝，微微露出些白，就是那天边的云彩，太阳发出柔和的光辉。旭日东升，又有一片红映在天空。

　　公鸡啼鸣，映着旷野，嘹亮地响着。各家茅屋升起阵阵炊烟，屋前棚中的家畜也抖擞了精神，开始了一天的劳作。田里的农民多了，路上的行人也渐渐多了，小镇上的集市热闹起来了，蒸馒头的香味挨家挨户地传遍了。于是，手里边攥着硬梆子的小孩子们，也赶场似的，蹦蹦跳跳地来了。纸风筝，胡风车，弹弹子，吹花片。叫卖声也多了，一声比一声更嘹亮。

　　小院里有果树，有梧桐，有槐树，有金桂，一年四季都飘着香。小时候最爱婆婆做的糖糖糕，比蜜还甜，配着些香软可口的豆腐脑，真是绝味。

小院后还有一片大竹林，那里的竹子每年都要开花。竹林里有许多长满着青苔的大石，大石的影儿倒映在水塘中，水塘上架着一座小桥，小桥上有撑着伞慢慢走过的人们。院里还有一口泉井。在炎热的夏日，总爱凑在井口，让井底冒出的丝丝凉雾润湿自己的衣裳，好不爽快！

　　在屋子旁是一大片的田地，公公婆婆锄地时，我也跟着锄。小时候力气小，可偏要拿大锄头锄，哪还是锄地呢？往往总是把刚种下的小白菜一并锄掉，留着满地的野草，还把萝卜一脚踹飞了。

　　邻居家的小伙伴，也没大我几岁，于是常在一起玩。每逢元旦佳节，总爱成群结队地去猜灯谜，逛庙会，看台戏。那时候猜对了灯谜得到的奖品，也就是几颗花生糖或是一小把好吃的脆小米，我们乐得东跑西跑。我和其他的小孩子一起端着碗，问婆婆要来又大又白的汤圆儿。汤圆里包着芝麻的陷，不腻口，还甜甜的。吃完汤圆，我们又提着大红灯笼跑开了，往往是三三两两地去看自己喜欢的东西。我最爱庙中的不倒翁套娃，还有吹糖人。那吹糖人的老爷爷，他用大竹签粘上糖稀，用手捏出一个糖人的模样，再鼓着腮帮朝那留着的小孔里猛吹一口气，那糖人便做成了，惟妙惟肖的。我只尝过一次，后来竟忘了是什么滋味了。看完糖人，我们又去看台戏了，小孩子们个头小，一钻进人群就拼命往里头挤，最后挤到舞台中央去了，那台戏投下的影子，忽大忽小，忽明忽暗，好玩极了，于是我们又去踩影子了。

　　家乡带给我许多美好的回忆，在成长的过程中我总忆起那段无忧无虑、快乐的时光，在这个质朴的小村庄里，留下过我的欢笑，到现在我还眷恋着家乡那最熟悉的味道，还有那一串风铃般的欢笑声。

餐桌前的一家人

赵睿洋

今天中午十一点三十分的时候，厨房里传来奶奶洪亮的声音："开饭喽，开饭喽！"我立即放下手里的活儿，跑进厨房一看，哇，好多菜呀！有红烧羊肉、油焖大虾、西兰花炒肉丝、萝卜排骨汤……我赶忙帮着奶奶端菜，把菜放在餐桌上，爸爸妈妈也来帮着盛米饭、拿筷子、布置餐桌。只有爷爷还舍不得关掉电视机，奶奶催了好几遍，他才依依不舍地从客厅走进餐厅。

一家人围着餐桌坐定之后，大家便动起筷子来。因为我这几天喉咙不舒服，总是不停地咳嗽，所以妈妈一开吃就夹了好几筷子萝卜给我，说："这个是清热解毒止咳化痰的，奶奶特意为你烧的，你要多吃点儿，有助于缓解喉咙痛的。"我夹起萝卜便大口大口地吃起来。可能是由于心理作用吧，刚吃下去就觉得喉咙舒服多了。

这时候，爷爷突然发现妈妈面前高高的汤锅可能会挡住其他的菜，便想调一下，把汤锅放到自己面前来。妈妈一见，连忙摆手，说："这锅就是我自己放在面前的，一点儿也不碍事，放您那里，您会不方便夹菜的。我胳膊长，能够得着。"说着，便演示着夹了一大筷子菜吃了起来。

爸爸这个时候不动声色地从装有红烧羊肉的碗里，夹了一块"巨无霸"放到了妈妈碗里，说："你平时不怎么吃肉的，今天有这么好的羊肉，你要多吃几块。"说着，又夹了几块给妈妈。我一看，讨好妈妈的机会来了，赶忙接着爸爸的话说："就是，就是，你看你那么瘦，就是要多吃肉嘛！"妈妈笑呵呵地挥挥手说："好了好了，够了够了，我吃不了这么多，你们也吃啊！"

餐桌前的一家，人人都习惯性地照顾别人，为别人着想，那么自然，那么温暖，我爱我的家！

我的好闺密

唐天蔚

我上三年级的时候，有个特别要好的闺密，她的名字叫吴叶南。

说起来，我和她挺有缘的。我们有相同的爱好，我们都爱画漫画，看小说，我们喜欢同一个明星，就连那时候的社团课我俩报的都是同一个。

吴叶南对班上每个同学都很好，她对谁都笑吟吟的，班上其他人也都挺喜欢她的。她很大方，还记得有一年儿童节，她主动为班级写主持稿，并当主持人。

吴叶南在班上是有求必应。女生们喜欢动漫，更想画动漫。吴叶南是我们班的"梵高"，女生们都求她帮忙画，她从不拒绝，唰唰几笔，一个动漫人物就活灵活现了。

吴叶南对我特别好，有一件小事，虽然很平常，却让我印象特别深刻。那一年放假，吴叶南去了景德镇，她回来后，拿来了一个小巧可爱的风铃，是晴天娃娃的样子。"送给你！"她微笑着把晴天娃娃递给我。我看着那只微笑着的晴天娃娃，心里很是温暖。那只晴天娃娃的笑脸，就像吴叶南的笑脸；晴天娃娃发出清脆的声音，就像吴叶南甜美的声音。每当看到晴天娃娃时，我都特别特别地想念从前和吴叶南相处的日子。

后来我转学了，可是有一件事，我觉得特别对不起吴叶南。我们订了同一种杂志，杂志社发得有问题，每次只有一本。而每次发杂志的同学都把杂志给我。有一次，吴叶南拿了那本杂志，我很生气，想要过来，便和她吵了起来。现在想起来，我很懊悔，为了一本杂志和最好的朋友吵了起来。而吴叶南又是如此大方，自己拿不到杂志却从没有和我吵、问我要。

亲爱的吴叶南，你知道我有多么想你吗？

身后的依靠

项昱然

  五年级的一次秋游，学校举行了一场父子一起登山的活动，因为父亲有事在身，所以很遗憾没有亲自体验这项活动。

  我站在赛道旁边，看着一对对父子，雄赳赳气昂昂地出发了。有的儿子跑得飞快，把大腹便便的爸爸远远落在了身后；有的爸爸和孩子手拉着手一同进退；还有的儿子才走了几步就累得不成样子，被爸爸又拉又扯。到了山脚下，父子们整装待发，摩拳擦掌。等到出发的口令一发，父子们便一个个冲了出去。先前没有耗费多大精力的父子爬得很快，几乎没有停歇，稳扎稳打；先前跑得太快的孩子精力已经不多，早就没有力气爬山，只好和体力不佳的父亲慢慢往上蹭；还有的就是孩子在前面，父亲在后面推着走的情景。

  看着他们爬山，我不禁回忆起与父亲爬山的一次经历。记得那天，我和父亲走野路上山，因为山坡又陡又险，所以有好几处地方我都不敢爬。爸爸就在身后推着我往前走。有了爸爸在我背后撑着，我的信心顿时增了许多，一鼓作气，爬了上去。每当我迈出一步，父亲都会鼓励我，纵使后面有更陡的坡，我也敢往前冲了。当我爬过所有险坡，再往下看那些阻挠我的岩石，心中便会无比的骄傲和自豪，这和爸爸给我的有力支撑是分不开的。

我从记忆中回来，再看向那些正在爬山的父子们，他们之间的每一个举动：相互拉一下，从背后推一把，互相递一瓶水……这都是父子之间的爱呀！

这次登山活动的重点不是谁获得了好的名次，赢得了什么奖品，而是在父子之间不会再有任何的隔阂，家人之间的亲情加深了呀！

像紫茉莉一样活着

舟宸宇

每一次我下楼遛狗时，总会去小区的角落里看一看我种的那丛紫茉莉，看到它们的茎已经有手指粗，心中便满是兴奋和欣喜。

一次出游，我带着小狗拉拉信步走在公园的路上，不时停下来看看花草。突然，拉拉跳进了一旁的花丛中，一些花被压倒了，随即弹回来，两个黑色的东西弹到了我的脸上。我捡起来一看，是两颗地雷一样的花种子，再向花丛中定神一看，才发现花丛中到处都是这样的小"地雷"，有的还是青绿色的，有的是半黑半绿，也有全黑的。妈妈说这种花俗称地雷花，学名叫紫茉莉，特别好养。我端详了一会儿，发现它虽叫紫茉莉，却和茉莉花不一样，它的花瓣连在一起，花尾部较长，像是瘦身的喇叭花。一株花能占到一米见方的地方，一株花上就有近百粒种子，不由得为它的繁殖能力而惊讶。网上说它的根和叶可以治上火，活血化瘀呢！既然好种，不如我也种一点儿吧！于是我摘下几粒种子放进了口袋。

这些种子还真顽强，我本怕它们长不出来，就多种了几颗，结果全都长出来了，把其他花的位置都挤占了。等我们在绿茵丛中发现它们时，它们已经很粗壮了。妈妈见它们占了太多的位置，就折去了几株花茎。

一段时间后，折掉的紫茉莉又从根旁边长出一根茎来，有的没被完全折断的茎，只有一点儿连着，硬是拼命地开出了紫色的小花，只是比正常的小些，甚至还结出果实。留下的几株结出的种子太多，没有全收起来，第二年它们竟又长出来了十几株苗，太多了，我们不得不把它们移栽到小区的一个角落里，好让它们自由地生长。

紫茉莉就是这样不引人注目，平静而又蓬勃地绽放自己的生命，顽强地拼搏着，因为每一朵美丽的花都将是新的一代。

寒冬里的温暖

董 宇

南京的第一场雪来了，零下五度的气温使花草蒙上了一层霜。不知不觉，已是晚上八点了，我赶紧走进一家面条店去吃晚饭。

面馆里已基本没有人了，只有几个青年在刷着手机。见我走进面馆，本已准备脱下围裙回去休息的老板重又打理好衣服，笑着走了过来，热情地迎上来招呼道："小伙子吃面啊！"我满足地吸了一口暖气，又惬意地打了一个嗝，说道："来一碗红烧牛肉面。"

我选择了最靠近空调的一张桌子，坐下来拼命地搓着手，一边打呵欠，一边漫无目的地四处乱看。突然，老板端着壶茶走了过来，笑着说："喝点儿水吧，小伙子。"我先是诧异，后来看到老板真诚的目光后，便会意地点了点头，道了声："谢谢。"果然，一杯茶下肚，我就不再有寒意了。

不大工夫，面条端了上来。我迫不及待地端起碗，老板笑着说："慢点儿慢点儿，小心烫！"我却顾不上这些，擦一擦手，立即抄起了筷子，饿狼似的吃了起来。等我吃掉最后一根面条时，一看碗外的热气还未散尽。

"再加点儿吧，小伙子，不收钱的！"我不假思索便点头同意了。趁着老板去煮面的工夫，我准备拿钱付账。可是我怎么也找不到钱包了。我一下子就呆住了，回暖的身子又发起抖来。屋外，北风呼啸，忽然，一阵疾风吹过，吹开了店门，打在了我的脸上，让我猝不及防，险些摔下椅子。当一声清脆的铁勺响，不一会儿老板又把面端了上来。与之前不同的是，这次我一直盯着面条难以下咽。时间一分一秒地过去了，我的心颤动得更厉害了。老板仿佛看出了哪里不对劲儿。"怎么了？"他关切地问道。我假装没听见。"怎么了？"他第二次问道。我依然保持沉默，老板不再问，而是坐在那里思考了起来。突然，他两手一拍，问道："你是不是没带钱？"我不好意思地点了点头。"这有什么大不了的，你们学生也挺辛苦，这次就算我请客了。"我感激地望着他，就像被洪水肆虐的人们看到挪亚方舟一样。"谢谢！谢谢……"我似乎已不知道该如何表达感激之情，最后才想起来说了一句，"我一定会来还钱的。""这都不重要，快吃，不然面条凉了。"老板笑着说。我又狼吞虎咽起来，末了，还打了一个响亮的饱嗝。

"再见。""再见。"我走出面馆。奇怪的是，风好像突然停了。回头望去，一排冰冷刺眼的白光中，有一间房子却散发着柔和温暖的黄光。

"小丑鱼"的陪伴

夏 凡

"夏凡，快过来看！这是什么东西？"妈妈朝我大声叫着。我放下手中的作业，走过去一看，这不是丁奶奶亲手帮我缝的"小丑鱼"吗？我的思绪一下子被拉到了过去。

丁奶奶是我童年时的保姆，我童年的记忆里好像只有她的身影。

小时候，我被一部动画片迷得入迷，而且特别喜欢里面的一只小鱼，便找了丁奶奶，央求她帮我缝一个。丁奶奶翻箱倒柜地找出了一些棉花、一块红布、一卷红线，便开始缝了。

黄色暖暖的灯光下，丁奶奶仔细地帮我缝着玩具。老花镜一次次地往下掉，落到鼻尖上。一缕银发在不知不觉中垂下，遮住了她沧桑的脸颊。也许是因为老了的缘故吧，她左手拿着针的一头，右手拿着线，可线怎么也穿不过去。丁奶奶好像有一点儿急了，针都不小心扎到了手指里，一滴鲜红的血冒了出来，她全然不顾，一心只缝小玩具。在她的努力下，终于把鱼形玩具缝好了。因为这条小鱼不怎么好看，所以我亲切地给它取名为"小丑鱼"。

我最爱荡秋千，可又不想离开"小丑鱼"，所以小时候丁奶奶常常把"小丑鱼"塞进我的衣服里，让我抱着"小丑鱼"荡秋千。我揣得鼓鼓的坐在秋千上，双脚用力一蹬地面，再一蹬，秋千就荡了起来。秋千达到最高点时，感觉自己好像飞起来了呢！看看揣在怀里的"小丑鱼"，看看在树荫下乘凉的丁奶奶笑眯眯地看着我，不知为何，我心里有一种安全感。

　　我十分怕黑，每天晚上都会带着"小丑鱼"一起睡觉。窗外的黑夜无边无际，一阵冷风吹来，把窗外的风铃吹得叮叮响。但现在我已经不害怕了，因为我有"小丑鱼"的陪伴。

　　"小丑鱼"的陪伴让我不再孤单，丁奶奶的陪伴也让我度过了寂寞的童年。

人生没有失败

周尧尧

　　俗话说得好，打虎亲兄弟，上阵父子兵。11月9日，学校利用秋游活动的契机，组织了一场运动型亲子活动——珍珠泉赛跑。活动前夕，同学们纷纷踊跃报名，我也参与其中。

　　随着裁判员一声令下，比赛开始了！我立刻像一支离弦的箭一般飞奔了出去，我的脚不断地在赛道上点着，健步如飞，就像蜻蜓点水一般。这只脚还没落地，另一只脚便抬了起来，宛如在使轻功一般。这时，赛道两边，同学们围起一堵厚厚的人墙，大家不断地高喊："加油！加油！"这使我信心大增，心中只有一个念头：一定要拿冠军！我加快了步伐，像一股飓风掠过赛道，只剩下父亲在后面大声地喊："跑慢点儿！节省体力啊！"我正在兴头上呢，哪听得进去？还是依旧飞奔在赛道上。道路两旁栽着一棵棵高大茂盛的树木，还有一丛丛矮树丛，树丛里还藏着一朵朵五颜六色的小花。霎时间，我觉得所有的花草树木都在为我鼓劲儿加油，我顿时来劲儿了，双腿不断地向前用力迈步，双臂加速在身体两侧摆动，一股劲儿跑到了最前面，我越跑越起劲儿，仿佛背后有一股强大的力量推着我，一边跑还一边哼起了歌。

　　由于用力过猛，一向缺乏锻炼的我刚跑了一小段路程，就气喘吁吁了。体力不支的我渐渐地放慢了速度，身上似乎一点儿力气都没有了，眼睁睁地看着一个又一个人超过了我，我想追上他们，可腿就是使不上劲儿，怎么跑都跑不快，总有一股力量在阻止着我前进。我懊恼极了，抱怨自己怎么这么没用，竟在半路上走了起来。父亲追上我了，他一步步稳稳当当地跑着，似乎毫不费力，父亲向我招手喊道："快跑啊！说好了拿冠军的呢！不能半途而废啊！"我只好勉为其难地硬撑着迈着步子，可是不知今天这腿怎么突然变得如此沉重，我咬咬牙继续跑，不久，我就上气不接下气了，腿有些发软，再迈一下脚仿佛被千斤坠着，不愿迈步。

　　正值正午，太阳尽情地炫耀自己的光彩，阳光照在我的身上，微风也躲了起来，好像都要和我作对，汗珠从脸颊上滑过，瓶中的水也所剩无几，真是雪上加霜。父亲见我渐渐撑不住了，陪着我在路边坐了下来，父亲对我说："长跑讲究在跑的过程中要匀速，在开始时，猛冲肯定是不对的。注意呼吸，两步一呼，两步一吸。做任何事都要学会坚持，记住，除了放弃以外，人生没有失败！"受到父亲的鼓励，筋疲力尽的我重拾信心，我和父亲互相搀扶，互相加油，心中只有一个念头：除了放弃以外，人生没有失败！小树沙沙响，好像在为我鼓掌；小鸟喳喳地叫着，好像在为我加油。我的脸涨红了，不停地喘着粗气，腿在发软，但我不停歇，艰难地挪动着每一步。

　　渐渐地，渐渐地，终点越来越近了，我和父亲一起往前跑，胜利就在眼前，每一步都是新的挑战、新的胜利，每一个脚印上都留下了我拼搏的汗水。我一鼓作气跑到了终点，即使没有名

我和鱼儿有个约会

次，我也毫不失望，因为我战胜了自己！这次亲子长跑比赛，使我收获颇多，正如父亲所说的一样：除了放弃以外，人生没有失败！

走过圆明园

易　末

是无意间走过圆明园，才读出了落日的感慨；是无意间走进福海，才第一次读懂了苍生落寞。所以，从北京许多熙熙攘攘的闹市中挣脱出来后，我偏爱西郊这一方因失血而苍白的土地。

多少年来，圆明园的断柱和它的阴影，像一枚过时的书签，夹在北京城日渐繁华的图卷里。而忙忙碌碌的北京人，却越来越顾不上去翻阅那逝去的章节。只有节假日才把圆明园当作一个风景点，或是参观灯会，或是逛逛食品街，或是只是为游览而游览。

所幸的是，如果在傍晚从圆明园的偏门进去，还是能领略到很多意境的。尤其在深秋季节，沿着园中悠长的小径，走入自己营造的那份伤感的氛围。远处犬吠声声，近处秋草瑟瑟，苍石上布满青苔，老树的脸上面无表情，散落的几间旧屋也不肯修剪边幅，任衰草在屋檐上飘摇；那些脉管再接不上充满生机的叶子，幽幽地诉说着风的背景。我走在福海边，极目所触的那一带远山，身沐夕阳的余晖，渐渐地在视线中朦胧。周围早已少见人迹，似乎所有声音此时都像鸟一样扑棱棱地远去，只有湖面上轻轻的涟漪还在荡着生命的呼吸。

面对历史，面对消亡，我又仿佛看到了生存的伟大。最纯粹的青春，开始生长着无法表达的企盼。愿不再看见昨天拍着今天的肩膀为世人提醒，愿走远了的历史不再担心地回眸张望。这样，在叶落处就必有新生的奋起；这样，那一天的那一幕就永远不会重演。

我走出了圆明园，忽然觉得天好大，地好宽，空气好清新，也不再拒绝街道上的嘈杂。经过一次洗礼，才知道生命原本可以有许多不同的解释，或壮烈，或寂寞，而未来无数个没有预期的日子里，我将记起这个充满诗意的黄昏。

当我再次走过圆明园，我的心仍然偏爱北京西郊的这方土地。只愿有一天能重塑一个新的信念——为春之晨吐出馥郁的芳馨，带着阳光的微笑，走出圆明园。

杂 花 叹

欣 田

红尘三千墨，不如卷上繁花皆凉薄，一字一成酌。

南博的空气里散发出一种历史的沉香，这种极富东方神秘美丽的气质，使那惊鸿的一瞥有了依托。长长的纸卷上，是似乎杂乱无章、信手涂抹的浓浅墨迹，但杂乱书卷后透露出的流畅和美感，令我不禁呆在原地，一时间竟不知如何是好。

《杂花图卷》在十余米的长卷中，以淋漓酣畅的焦墨、浓墨、积墨等多种技法，描绘了牡丹、石榴、荷花、梧桐、菊花、南瓜、扁豆、紫薇、紫藤、芭蕉、梅、竹、兰等共计十三种花卉蔬果。用笔恣意纵横，墨笔酣畅淋漓，一气呵成又高潮迭起，仿佛用画笔奏响了一曲交响乐般波澜起伏的宏大乐章。率性而为的画卷，也使得画家卓绝的艺术天才和激烈狂放的情感显露无遗。

画卷极强的表现欲，非理性的智慧，达到了最高的层次。那种令你心跳骤然加速，精神极度亢奋的本真，令人沉醉其中，使它周遭所谓"优雅温和"的画作都相形见绌。

如此千古之作，也难怪谢稚柳先生看后直赞"天下第一徐青藤"。

"徐青藤"就是徐渭，字文清，号青藤老人，明代杰出的画家、书法家和戏剧家，是一位天才的悲剧性艺术家。他因为庶出而遭受百般凌辱，科考屡试不中，曾自杀九次未遂，入狱很长时间。徐渭生年生活贫苦，死时仅有一狗相伴，床上连一铺席子都没有。这位与梵高有着相似命运的天赋过人之人，生活中极为偏激，以至于四处与人交恶，惨死家中。

再回首看向《杂花卷图》，心中不禁一阵感慨，这幅画，也透出徐渭身上所有的侠义与偏执、才华与顽固，真乃画中有人，人中有画啊！艺术的奇特与悲剧，交融在一起，成了独一无二的徐渭，独一无二的《杂花卷图》！

尘世三千繁华，我且与酒拜桃花，任尔金玉琳琅良驹成双，不敌我眉间红豆朱砂。

我和鱼儿有个约会

紫 琪

回想这周，我天天都在与鱼为伴，周一吃鲈鱼，周二吃鱼丸，周三吃煎鱼饼。周四生物老师说要用鱼刺做实验，于是，我又要和鱼打交道了。

由于今天我完成作业较早，妈妈打算让我体验一下生活。哈！就是想让我亲自动手去解决那条鱼。这是我第一次杀鱼，心里还是有点儿紧张的。

鳊鱼有点儿大，皮肤滑溜溜的，话说回来，我和鱼儿的"约会"可不止这一次哟！为什么不止这一次呢，因为在这之前，我已经被鱼刺卡了几次了。最严重的一次去医院时，被拔了一根刺出来，一直疼了一个星期才好。

唉！往事不堪回首。鱼呢！还是得杀。

爸爸在一旁歪着头看我，眼神里充满了善意的鼓励。我回头看了看妈妈，她正在漫不经心地盯着手机。窗外，行人们不顾大风匆匆走过，仿佛都没有关心我的存在。

"难道真的没有人关心这历史性的一刻吗？这可是我第一次杀鱼啊！"我小声地嘀咕道，可是我还是下不去手，只要我闭上眼，满脑子全是鱼的白花花的内脏，我还仿佛闻到了鱼的腥味儿。甚至看见鱼在摇尾乞求我放过它。

"琪琪啊，鱼杀好了吗？""还没有杀呢。"面对着奶奶的提问，我支支吾吾地哼了一声。"你看看你哟，做点儿事情，磨叽死了，白刀下去，红刀出来，它不就死了吗？""算了算了，还是我来吧。"爸爸放下手机，从我的手上接过"屠刀"，抓起一条鳊鱼就扑通地往地上一扔，鱼就口吐白沫了。白刀下去，红刀出来，内脏瞬间就被掏空了。去鱼鳃，五分钟不到的时间，鱼已经杀完了。我目瞪口呆地站在原地，惊得一时说不出话来，爸爸的速度真快呀，我什么时候也能像他一样就好了。

时间飞逝，我现在已经学会杀鱼了，而且做得比爸爸还要好。学习也是这样，第一次尝试某道题目时，可能会纠结，但是，我们需要果断地做出决定，勇敢地迈出第一步，并多加练习，就能熟能生巧。

寻 找 快 乐

寻 找 快 乐

汪 翰

　　小时候，常常听一个故事：国王想要寻找快乐，于是他命人去找，可是谁也找不到快乐……

　　冬天，刺骨的寒风呼呼地吹着，大地似乎也禁不起这冷风，瘦骨嶙峋的树枝像老人一般被吹得左右晃动。我外出慢慢地散步，蓦地，墙上一幅鲜亮的红色的画吸引住了我的视线，上面画满了祖国的大好风光。我沿着这一头慢慢往那一头走。在中间，我看到一名工人拿着颜料，画着戴红领巾的少先队员。

　　这个工人衣着轻便，戴着围裙，围裙上面有红红绿绿的颜色，头发随意地扎在后面，拿着画笔在那思考怎么画，她大脑仔细地构思着，细到一根手指，一丝头发，于是她提笔在那硕大的墙上，很稳很慎重地画下大概的形状。她一边画一边哼着歌，画一会儿，就会洗画笔，换一种颜色接着画。画大山时，那线条似乎在跟着她的歌声一块儿上下起伏，她沉浸在自己的世界里，画好一幅，脸上就会露出得意的笑。在这个时候，她就是一位大画家吧！周围的人和事都被"拒之门外"了。她对这些画，像母亲对孩子一样认真、专心。当你走进，请你细听，那悠扬的歌声是她快乐的心情。

　　故事的结尾是这样的，国王看到一位农夫正开心地耕田，脚上穿的是有"嘴巴"的鞋子，便上前问："你没有富裕的生活环境，为什么还这样快乐？"农夫说："因为我享受当下的生活。"

特别的一抹色彩

宋佳雯

不知从何时起，我住的小区中多了一抹不同寻常的绿色。

一日放学，我看到一抹绿色的身影在小区中扫地。那人的头发稍有凌乱地扎在脑后，身着一件破旧的绿色军大衣，上面星星点点的破痕倾诉着这军大衣的历史悠久，灰色的休闲裤松松垮垮地搭在她的腿上，一双白色却已脏得不成样的布鞋也略显单薄。当路过她身旁时我好奇地扭头看向她的脸，吓了一跳——一道狰狞的伤疤从她的左半脸横跨鼻梁直至右半脸，像一条恶心的蛇在她的脸上蠕动，使她那原本较好看的瓜子脸，看上去却令人毛骨悚然。我急忙转过头，快步向家走去。

往后的几日，我都会在小区里看到那抹绿——原来她是小区新来的保洁员。那日，我从她身边走过时，鼓起勇气，再次向她的脸看去：脸上的伤疤依旧恐怖，但她的眼中却没有呈现出自卑，而是坚定、自信。就如大漠中的一抹绿，是那么的不普通，引人注目，使我觉得她的脸不再是那么可怕。她的手背上布满了皱纹，手看起来如枯树叶般脆弱，却有力地挥舞着大扫帚。

原来，那抹绿是如此的特别。

一夜，下雪了。第二天，那抹绿色依旧在劳动着，大雪落满了她那消瘦的肩头，她灰白的发中也夹杂着少许雪花，她的脊背却挺得笔直，手中挥舞着大扫帚。就在她对面，有一位穿着价值不菲的黑色皮袄的年轻女子，拿着电话，眉头紧锁，杏目圆睁，樱桃色泽的唇上下翻动，不知在说些什么，整个人仿若要与黑夜融在一起。

有些人贫穷，却如一抹充满生机而又独特的绿；有些人富贵，却只能与黑色为伍。

那年，那汤圆铺

王 菡

　　清晨，太阳暧昧地将它那暖暖的阳光照在街口拐弯处的汤圆铺上，汤圆铺和小镇都十分安静。

　　汤圆铺上永远整整齐齐地放着汤圆，像一个个大胖小子一样，端端正正地坐在那儿，阳光的照耀下，还镶着金边。我看着心痒痒的，偷偷摸摸伸出手，拿到汤圆后又赶忙缩回来，一溜烟儿跑走了。将手中的汤圆捏成小兔子、海星……那是我孩提时代的无限乐趣。

　　"偷"汤圆时，自然会有一些小插曲——被服务员看到。她四十多岁的样子，头发低低地绾在后面，见到我就笑吟吟的，任我偷偷地拿走一个，只是拍拍我的头："下次可不能这样了。"面庞上笑意却没有消退。时而又会被老板娘看到："小娃娃，干什么呢？"她的头发利落地盘起来，声音沉而有些沙哑，但嗓门很大。"我……我想帮你摆摆齐。"刚碰到汤圆的手，赶忙缩回来，可不知道为什么，老板娘脸上也是笑嘻嘻的，她们好像从来不会对我发脾气。

　　她家的汤圆是镇上最好吃的，又滑又嫩，我常常问母亲要点儿钱去吃。老板娘的儿子煮汤圆，他总是一副严肃的表情，被他看到“偷”汤圆，定是被臭骂一顿，我总觉得他不及老板娘和服务员待我好。不过他煮的汤圆是最好吃的，一大锅里汤圆满满浮在上面，他不紧不慢地将银耳、冰糖、红枣等放进去。我常常把头搁在手臂上看着，口水都要流出来了，快要煮好时，我噔噔噔跑到那两平方多米的屋子，找个空位坐下，就等汤圆端上来啦！汤圆很快就端上来了，我迫不及待地拿起筷子，可又不怎么会使。服务员笑吟吟地给我递上勺子。我想将汤圆吃进肚子里，可又被烫得嗷嗷直叫，只好噘着嘴巴在那儿吹气。不一会儿，汤圆就被我“消灭”干净了。我连汤都不放过，咕噜咕噜喝下肚，拍拍肚子，说着“好饱”，便蹦蹦跳跳地回家了。

那年，我五岁，正是个鬼灵精怪的年纪，阳光稀稀疏疏地透过斑驳的树影照在汤圆铺上，为我筑起一座美好的城堡。

皮　皮

昱　然

　　"皮皮，快过来。"站在我旁边的同学对着一只黑白色的小狗叫着。"皮皮"这个名字对我来说十分特别，它为我童年带来了许多愉快的时光。

　　"皮皮"是一只棕色的小猎犬，当我第一次见到它时，它还不到一岁，却长得结结实实。

　　过暑假回到老家时，这个玩伴总是以一种不平常的方式迎接我。它跑到车门边，用湿湿的小舌头舔着我的鞋子，用爪子抱住我的小腿，把我硬"拉"下车。我便用手摸摸它的头，并请奶奶做一顿丰盛的中饭给它。可它往往吃到一半就吃不下了，便用两只爪子在土地上乱扒出个坑，把剩饭放入坑中，留着下次再接着享用。

　　有时在午后，它会到我家院子里陪我晒太阳，我坐在木头凳子上，它便在我旁边倒下，顺带打几个滚儿。我拿书来看，它就把脑袋靠在我的大腿上，好像也在津津有味地读书一样。我揪揪它的耳朵，它也不把头放下来，反而懒懒地蹭了蹭我的腿，便闭上眼睡着了，阳光照射在我们的身上，温暖着我的心。

有一次，我回去见我那特殊的朋友。快到老家时，突然四周的风大了起来，一堆乌云盖住了原本明媚的太阳，我赶忙关上车窗，心里隐隐有些不安。到了家门口，皮皮并没有像往常一样扑过来欢迎我，我心中不由有些奇怪：这个时候，它不应该还在睡觉啊！我推开家门，寻不到皮皮的身影。爷爷看到我的样子，也知道我应该猜出了三分，便告诉我：“大约一个星期前，皮皮不知怎么突然走丢了，一直没有回来。”我的心随之一颤，皮皮饿得瘦骨嶙峋，被陌生人丢在一旁的画面出现在我的眼前。难道我就要从此失去这个对我来说很重要的伙伴吗？我很失落。

　　“你怎么在发呆啊？！”同学叫着我，我看着眼前这只也叫皮皮叼着小球到处乱跑的小狗，不禁有些失神了。

从未忘记

智 雅

一年前的冬天夜晚，寒风呼啸，月亮被厚厚的云层遮住，我搂着一只铁丝笼大步迎风往家走。

打开灯，放下笼子，轻轻掀开盖在笼顶的塑料袋。一个白色的小绒球，安静地蹲坐在笼底，半闭着眼睛，脑袋上一撮柠檬色的毛格外显眼。时候已不早了，我把笼子搬到安静的地方，站在房门口："晚安，小鸟。"然后关上了灯。

小动物总是怕生的。虽然小家伙并不成熟，但离开鸟店里吵闹的伙伴，接触陌生的空气与人，总会有胆怯与怀疑。不过让它了解你的善意就可以解决这一切，建立起信任的桥梁。刚开始我在笼子边静候，接着与它唱歌，说话，聊一聊简单的事，兴许它不能理解，却也渐渐记住我了。最后，它便能在我的手指上悠闲地梳理羽毛了。

它记住了我，并成为我朝夕相处的伙伴。它会惬意地低着脑袋让我用手指挠痒痒，和我一起去拜访同一幢楼的邻居，靠在我耳边一同聆听音乐。除了去学校，它无时无刻不出现在我的生活中，带给我五彩斑斓的美好记忆。

它变得十分地依恋我，我若离它三米开外，它便会惊慌地大叫着飞过来。总有许多事情等着我去做，这使我不得不暂时把它忘却。我们不知不觉地疏远，这样的日子不知过了多久。直到放假的那一天，它又迈着步子走出笼子，飞到我肩膀上的那一刻，我才意识到——它一刻都没有忘记过我。而我，明明可以在忙碌时让它站在一边，却找了借口让它在笼子里与玩具为伴。它并不像那些大家伙们那样聪明，却一直记着我。我从店里带走它的那一刻，也带走了一份沉甸甸的责任。

我摸摸它的头："再也不会忘记你了。"

坚强地站立

盛陶然

南京的春天往往来得很早，才刚进入4月，路边的小树野花便褪去了冬装，陆陆续续发芽的发芽，盛开的盛开了。4月的微风吹来，带来了一阵野花的香味，绿叶也随风哗哗地响着。望着那些绿油油的梧桐，我不禁想起几天前在路边遇到的那棵特别的梧桐。

午后的大街上，两排高大茂盛的梧桐惬意地享受着春天的暖风，阳光从树杈间渗透出来，映出一小片橙红，路上的人不多，午后时分，大概只有少数人会选择出来散步。

起风了，梧桐树影来回摇晃着，阳光也变得斑驳起来，我拉紧了衣袖，闭上眼等待着流动的空气平静下来。突然啪一声在我身后响起，那声音像是核桃壳撞击在石头上。我回过头去，几枝干枯的树枝静静地躺在一块石头旁。正当我惊奇树枝为什么能发出那么大声音时，一棵特别的梧桐出现在我的眼前。与别的梧桐不一样的是，明明是春天，这棵梧桐的叶子却依旧凋零，树杈干枯，瘦弱地摇晃着。我慢慢地走向它，伸出手抚摸着它的树皮，树皮苍老、粗糙，刺得我的手生疼。我叹了口气，这棵梧桐大概是在与其他的树争取养料时失败了吧。可当我走到这棵梧桐树的身后，全然不同的景象展现在我的眼前。一小段嫩绿的新枝从树干上抽了出来，它努力地向上生长着，与其他梧桐争夺着阳光。那些新枝看起来坚硬极了，它微微抖动着身躯，在明媚的阳光下挺直了腰板。一阵风拂过脸颊，啪一声，又一段树枝落了下来，我突然似乎明白树枝为什么会发出这么刺耳的声音，那不是它在发泄对其他树的不满，而是向别的树宣示着自己并没有输。我不禁感叹着这棵梧桐奇特的生命力，也许在某一天，它将重新长成一棵生机勃勃的梧桐。

那些争取到阳光的茂盛的树组成了一个社会，因为强大站到了顶端。我们这些普通人，如何在这个弱肉强食的社会中傲立？我们应像那棵重新抽枝发芽的梧桐一样，永不放弃，坚持不懈地通过努力成为特别的那一个。

生活的点缀

木　薇

生活嘛，要有那么一束花。

最近妈妈迷上了买花，而这一切，都是从那一枝玫瑰开始的。

那天回到家时，只见妈妈变戏法似的摸出了一朵红得不能再红的花，再细一看，花瓣一片包着一片，以一种优雅高贵的姿势绽放着。

原来是玫瑰。

妈妈很有心地翻找着花瓶，打算把它放在餐桌上，最后却只是失望地用一个细长的玻璃瓶盛了些水，剪去一小节茎，让花舒舒服服地立在里面。花瓶简陋不要紧，妈妈很快就用水擦洗得干干净净，使人清清楚楚地看到花茎的绿，一分不多，一分也不少，正正好。得益于妈妈的这番精心摆弄，每每在餐桌旁用餐，我都感受到生活的闲情逸致扑面而来。一抬头，一枝嫣红便亭亭玉立地出现在你的面前，身心也随之得到了莫大的放松和愉悦。

当玫瑰花渐渐枯萎，我便以为妈妈对花的热情必定消去大半。但我发现错了，妈妈不仅没有减去热情，反而又购来了更多的花。

一日，我回到家，又惊喜地发现，原本放在那个角落呆板的假花不见了踪影，取而代之的是一大捧浅紫色的薰衣草。我凑近研究了许久，才发现这是真花，不过是干花而已。餐桌上的空白也由好几支康乃馨添补。

家里又多了生气，即使闻不到花香，这些芬芳的身影也带给我们全家新的希望，与生活更有活力地碰撞。

花，不论是白天热烈绽放娇艳，还是夜间静静地吐露芳华，都给予我们美的享受与精神的安慰。生命的长河，必然是群花齐绽。极目望去，没有边际。

生活嘛！总少不了一束花。

含 羞 草

杨 光

妈妈又买花了，我也跟着她布置，找个合适的花盆。我在小角落偶然发现了一个，小巧玲珑的，只是厚厚的尘埃把上面的记忆掩盖得太深，太深了。我猛地发现自己好像记起了什么，随着时光沉淀的某些东西正一点儿一点儿回来。

小时候，同爸爸妈妈一道去花卉市场走走看看，买些好养活的花花草草，摆在家里，多点儿生气。

很快，爸爸妈妈都挑到了心仪的植物，花盆大大小小，一双手几乎捧不过来，唯独我力气尚小，连一盆吊兰也搬不起来，更别提那近半米高的仙人掌，对我来说那简直是庞然大物。我只好在爸爸妈妈搬花必经的一条路上等着，不经意间，开始打量起路边的一家小店。

花草是有灵气的，至少我认为它们能带来好心情。于是，我整个人都被吸引进了店里，不由自主地蹲下，低头，注视起角落里一株特别的小家伙。这小家伙儿一点儿都不大，叶子也是再小不过了。一片一片叶子略显细长，连着生，茎比一根牙签粗不了多少。我忍不住伸出手要去摸它的时候，它竟害羞地将叶片都

——收缩聚拢，偏不让我继续靠近。

这特别的小家伙儿，我可从未见识过。

我一阵惊喜，慢慢地收回小手，舍不得把目光从它身上移开，默默观察起来。等到妈妈喊我回家的时候，早已过去了很长时间。我不情不愿地慢慢站起来，抬头看了看妈妈，冒出一句话："我能养这个吗？"妈妈皱了皱眉头，告诉我："这个叫含羞草，娇贵得很，不好养。"

我知道已经没有挽回的余地了，失落地牵起妈妈的手往回走，走得很慢，不住地回头看。

很快，我过生日了。一盆含羞草居然奇迹般地在餐桌上等待着我，我高兴得又笑又跳，吃了蜜似的。因为我知道，肯定是爸爸买给我的。

烛光照亮了爸爸的脸，好像隐藏了什么表情，我吹灭蜡烛，许愿。这个普通的动作做得更加虔诚了。这样一个特别的生日，哪还能忘记？烛芯轻轻升出缕缕白烟。

开灯。

目光被拉回家中的小角落，我拿出抹布，迫不及待地擦去这记忆的枷锁。

"妈，新买的含羞草就栽在这里面吧……"

金 铃 铛

卢 鑫

今天是六一儿童节，我却没收到礼物。是大家都没有把我当孩子了吗？原来每年的儿童节，我都会收到一些礼物，它们或者别致，或者精巧，却总有那么一两件令我难以忘怀。

昨天晚上，我在家里寻找英文字典时，无意中翻到了一个箱子，它又大又笨重，与书房里的电脑，还有那充满着流行元素的书柜显得格格不入。这里面究竟装着什么呢？好奇心驱使着我，我轻轻用手抚去箱子上的灰尘，用力一搬，搬开了那把锈化了的锁，一阵檀木特有的古香扑鼻袭来。

里面整齐地摞着一堆文案资料，左边放着几块奖牌，我又看到了一个牛皮纸包着的一团东西。我小心翼翼地拆开包装，皱而泛黄的牛皮纸下是一个崭新的红绒布盒子，居然保存得如此完好，我的心一惊。下面还贴着一张字条："亲爱的孙儿，祝你以后学习进步，身体健康。"打开盒子是一个精致的金铃铛，上面刻着我的名字、出生年月，反面还有一个肥胖胖的婴儿照片，像极了童年的我。

看到这一幕，我只觉得自己鼻尖一酸，泪水就像一群有着恐高症的孩子一样，刚准备夺眶而出，却又因为胆怯而缩了回来，然后犹豫了一会儿，最后便止不住地像伞兵一样跳出去，降落在地上。我的情感伴随着眼泪，喷涌而出，这全部是爷爷对我的爱啊。我的脑海中不禁回忆出一幕幕充满了祖孙情的场面。

在我上小学的时候，爷爷每天都来接送我，风雨无阻；在我有一次因没带钥匙而回不了家时，爷爷不惜从鼓楼区横跨三区来雨花区给我送钥匙；在他临终时，最惦念的还是我，想让我早点儿学做大人……这样的事例数不胜数，可惜，一切都只能留存于记忆中了。

我又回头看了一眼钟，不知不觉已经十点三十分了。我轻轻把盒子盖上，小心地安置在那个大大的箱子里。又把这个箱子重新放回了那个充满时代潮流的书房，那个与之格格不入的书房。我想，爷爷对我的爱也许就像那只与书房格格不入的木箱子一样，虽然没能够追上时代的步伐，但是却显得更加深沉，显得更加珍贵。

虽然人已故，但是情长存。

喜　鹊　窝

丁　伟

　　春来冬去，积雪已不知不觉地融化尽，太阳害羞地从云层中露出半个脸蛋，几缕阳光洒在台阶上。我伫立在门前，仰望那排高大的白杨树，尚未抽芽的枝丫上，是两只喜鹊曾经的窝。

　　小区外围的白杨树长得很高，窝自然也离得远，一眼望过去有百米左右。但我能想象出它现在的样子，布满灰尘、杂乱不堪，一位老人告诉过我，这个窝喜鹊很早前已弃之不用。

　　它曾经确实是喜鹊们温馨、舒适的家，也的确有过几只小喜鹊在母亲的百般呵护下诞生在这里。在那段明媚的日子里，喜鹊父母每日辛勤地劳作，它们不停地将捕来的昆虫递进嗷嗷待哺的孩子们的口中，我也乐于看见它们饱食后满足的样子。

　　可是有一天，一切发生了转折。一阵突如其来的狂风呼啸而过，把一只嘤嘤试飞的小喜鹊从树上摇了下来。好在它身子较轻，扑腾几下平安落地了。

　　此时，一位老人正裹紧衣服匆匆而过，在被风卷得打着转儿的枯叶中，他瞥见了这只无助又稚嫩的小喜鹊。他差一点儿就向这只小家伙儿伸出援手了，可当报道H7N9的那则新闻在他脑海里一闪而过，他犹豫了片刻，转身离去。据说后来来了一只野猫，叼着小喜鹊钻进了灌木丛里。

之后的几周内，喜鹊的叫声比往日频繁了许多。这对喜鹊也许是在呼唤它们的孩子，也许是在发出哀伤的悲鸣。只可惜唯一能够听懂这些语言的小喜鹊，已经夭折在灌木丛中了。可是日子终会继续，时间似乎冲刷了喜鹊父母心上的伤痛，它们窝里的其他几个孩子不知不觉间已经羽毛丰满，离开了曾经有欢乐也有悲伤的窝。

至今，在那个旧鸟窝旁，又有一对喜鹊筑起了新窝，这也将是天暖后的春光一景。至于这一对搭窝的喜鹊，我不知它们是曾经那一对，还是它们强忍伤痛抚养大的小喜鹊。我只知道，这是生命的延续。

木 匠

涵 悦

小镇外，走几步路便能望见一条长河，不知其源头，亦不知其归宿。河的那边有小山，也有一位木匠。

打我能记事的时候，就知道外公和那位木匠关系甚好，他常带我翻过小桥，去见那位木匠。木匠姓钱，外公每次都让我快问好，但他却摆摆手："哎哟，好！好！好！"顺手拿起酒，喝下一大口。

钱爷爷会做木雕和小板凳、小木桌……什么都能做得很像，外公每次去那儿做小板凳时，钱爷爷都会给我一些小礼物，那些小礼物对我来说都是些稀奇的玩意儿，能在一旁捣鼓得不亦乐乎。

我最喜欢的是一只木鸟。钱爷爷在一块长方体的木料上看来看去，也不说话，却在脑袋里想好了细到一根羽毛的走向。当然，也看好了木料上纹路的变化，好更符合鸟的羽毛。这些都想好后，钱爷爷方才拿起小刀，将木料一点儿一点儿地削掉，说来也奇怪，他就这么刻了，不用画铅笔稿吗？那只木鸟该是什么样的，他早就在脑袋中构思好了。

我想，坐着也是坐着，还不如出去玩一会儿。门口一小块地里，种满了凤仙花，我一蹦一跳地捏了好几株，凤仙花的种子都飞出来了，脚上走的每一步也似乎能开出花来。一盏茶的时间，钱爷爷已将木鸟的大致形状削成形，边缘并不光滑，有很多棱角，却也能辨别出来。钱爷爷将那些棱角都修平整，地上铺了一地的木屑。他又换了一把更细的刀，将羽毛的纹路、喙和眼睛都刻出来了，那叫一个惟妙惟肖！

　　那时候我睡觉都是抱着这木鸟的。

家乡的银杏树

修 华

在老家，院子里有几棵银杏树，似乎不是那么起眼，但那都是我小时候最喜欢的树。

在我很小的时候，总是能看到爷爷拿着大铁锹，在田野里忙活。长期生活在城市里的我一直觉得好奇、新鲜，也学着爷爷用铁锹在院子里乱挖。当然，我用的是小铁锹，不一会儿，院子里便被我挖了一些洞。不知从何处听来的，或是仅仅出于好玩儿，我从地上找来一些小树枝，插在土里，希望它们可以长成大树。当我找不到树枝时，就会请大人帮忙折一段银杏树枝来种。当大人们问我在做什么时，我会自豪地告诉他们我在种树，将来会长成一片银杏林。大人们通常会笑笑，似乎是对我的赞赏。

长大一点儿后，我身材瘦小，行动敏捷，像只猴子一样似乎有使不完的力气，蹿上蹿下，无比灵活。看到后院有银杏树，便执意要爬，我一把抱住树杈，一下子撑上去，两只脚踩在树干上，按捺不住激动的心情，呼喊家人来看我的成就。我当着他们的面继续往上蹿，有时可爬到好几米，在树上玩很久才肯下来。

每年国庆节前后，白果由绿变黄，这是收获的季节，我们必定会在此时打白果。一家人拿着竹竿，头往上仰，举起竹竿击打树上的白果。我上小学之前就帮忙打果，当时我也站在树下，举起比我高几倍的竹竿，因为力气小，只能举着往上捅，半天才打下来几个，模样十分滑稽有趣。等到打下来后，我们把落在地上的白果统统拾起泡入水中，三四天后，去除外面黄色的肉，留下白核。白果药用价值高，可以治疗许多病，银杏树的树叶也有很高的药用价值，照例爷爷会把白果与叶子卖掉，但也会留下一点儿给我们吃。白果吃法多，最方便的是抓一把送入微波炉，热一两分钟后食用。但大人们不让我们多吃，据说，吃多有毒。

长大后，我学到了许多知识，知道像我小时候那么种树是不可能活的，又知道了爬太高很危险。现在白果变得不值钱了，老屋翻修时院子里的银杏被全部挖掉。每次回老家，站在空荡荡的院子中，静静回想那满是笑声的回忆。

烟 雨 秋 凉

沈 沁

"九月里江南细雨纷纷扬扬，蔷薇花开满青石板小巷……"耳机里的这首歌也正如眼前的景。

一步一个脚印向山上爬，细雨蒙蒙，云翳模糊了天际，笑靥盛开在心底。

微风拂过，古刹钟声敲响。音乐、钟声、雨声，在朦胧的秋雾中交织、融汇，又在青翠的山间缓缓流淌，轻抚着每一个人的心灵。

半路遇见桃花亭，黑瓦白墙。掩映在花红柳绿之间，如繁华的城市中那一抹朴素。细雨从亭檐上滑落，滴水成线，线雨成帘，似一障屏，无形地将眼前的景划为山林和路径的两个部分。

漫步亭里，脑海中掠过"斯是陋室，惟吾德馨"的诗句。细细品味床边的字画，还真有一种翱翔于中国传统文化的充实与满足感。

秋色映拱桥，雨雾钟声敲。茫茫细雨中，钟声穿过层层秋雾弥漫在山间。信步林间，觅得一栈道，香榧一般蜿蜒山里，幽径独行迷。

登上栈顶，蓦然回首，如置身仙境一般。万里苍穹，在这一刻尽收眼底；古都金陵，让多少文人墨客魂牵梦绕；九州大地，又洋溢着多少中华儿女的赤诚之心！

　　雾，到处都是雾，等不来一缕阳光，觅不得灯火阑珊。雨渐渐止了，在树叶上轻轻掠过，随即又悄无声息地滑落到土壤中，寂静。天边偶尔掠过一两只燕，接着，耳畔是一声邈远的鸟鸣。

　　仿佛穿越到另一个雨雾之朝。

是　她

嘉　琦

　　小学时候的我总以为自己永远是对的，每每都会用自己的想法为我的朋友做决定。久而久之，我最好的朋友也不耐烦了，她竟和我吵架。那天，我们两个人是真生气了。

　　那天后，我俩在班里见着也不互相理睬，就当不认识对方。下课后，我也刻意绕开她的座位走，那个人和那个座位都在我的心里画下了一个大大的叉。

　　吵架后的一天放学，我一个人孤零零地走在那飘落着红枫的幽寂小道上，秋风吹着我瘦小的身子，让我一直打着寒噤。尽管我穿了很多的衣服，仍然能感到心里的一丝凉意。突然，我看到了一个熟悉的身影。"是她？"那个扎着马尾辫戴着眼镜的女孩儿不就是我原来的好朋友小菲吗？她身旁竟然还站着一个女生，才短短两天，她居然就又找了一个朋友。我的心像被万箭穿过一般痛，眼睛重得抬不起来，长长的睫毛上挂着来源不明的几滴沉重的水珠，眨了几下，晃悠悠地跌落下来，透过依稀水汽，映出那张恍惚的嬉笑的脸。耳边隐约有人在喊我，可我什么也不想回答，便匆匆离开了。

哎，又是一个寂寞学校日，不过幸好那天我喜欢的杂志出新刊，给我心灵有了一丝安慰。一放学，便跑到书店。

　　"老板，给我一本《意林》。"

　　"对不起，最后一本被一个扎马尾辫戴眼镜的女孩儿买走了。"

　　我的身体在瑟瑟地发抖，眼睛直盯着门口。那个浮现在我眼前的人就是她，她明知我那么喜欢这本杂志，为什么还要买走？没说什么，我便气呼呼地离开了。

　　第二天到学校，温暖的阳光爬进了窗户，照在我的课桌上，隐约有些东西在我的视线中出现了。啊，那本杂志！是她，一定是小菲给我的，那本书上还有一张小纸条，那娟秀的字一看就是她写的。"嘉琦，"有人拍了我一下，"对不起，我那天不该对你发火。送你最喜欢的书做赔罪礼。"

　　她那甜甜的微笑让我不自觉地在心里原谅了她。"对不起，我以后会考虑你的感受了。但那天……为什么和那个女生一起回家？"

　　"那个呀！我也不知道你喜欢的书在哪买，正好她也要买，便约她告诉我，省得买错了，那天……我看到你了，还叫你，只是你没理我。"

　　那个画面立刻浮现在我眼前，原来叫我的是她。"劫波渡尽兄弟在，相逢一笑泯恩仇。"我的不悦被冲刷走了，马上抱了抱她，那一刻，我感受到了朋友的关怀和温暖，我再也不会和这么好的朋友吵架了。

　　是她，让我明白了吵不散、骂不走的才是真心朋友。

只愿做一朵小黄花

项 仪

4月绿柳吐烟，陌上花开，处处芳菲浸染。绿博郁金妖艳，栖霞桃花俏皮，浦口梨花淡雅，它们有着老天赠予的国色天香，而我却最爱那漫城油菜的平凡。

油菜花外貌极其普通，平平常常的金黄则是它的全部，小巧的花瓣整齐地围绕着花蕊，朴实又精致。每朵嫩瓣上都嵌着细细的纹路，只有大自然这位技艺高超的雕刻家才能完成这个杰作。花儿虽然娇弱，但却不需要细小的呵护，它生来就有这粗壮的根茎，它们总不低头，拥有着与栽种它们的农民一般的淳朴与粗犷。充满朝气的黄色，仿佛是阳光沉淀在了薄薄的花瓣尖上。

每到4月，我总爱来到山边的梯田，等待着油菜花依次绽放，聆听春的声音，细嗅花的芬芳，那味道如蜜一般甜。雾雨成烟，大地朦胧在浪漫的情调里，而我痴醉在金黄的花海里。望着繁花尽染的山野，走在其中，有蜂的勤奋声，蝶的翩飞声，花的绽放声。迎着染有暗香的微风，心中偶尔有一丝宁静，也有着不一样的心境。怀诗情，吟诗释怀；愿放歌，激情四海；忆友人，旧梦重圆；思故乡，把酒当歌。小小的花瓣如一杖拂尘，洗去我内心的喧嚣。

花开花落，亦为自然。郁金花谢，高贵即失；桃林花谢，春意则无；梨树花谢，无奈相见欢。而我喜欢的油菜花却更加高尚，虽没了活力，却一直在默默地给予，为我们提供油料。它并不只是装饰，而是愿意付出一切来获得下一个绚丽舞台的生命。

她的一生都让我羡慕，3月初是承载着理想的碧绿羞涩的花苞；3月中是青绿而又爽朗的花骨朵；慢慢到了4月终于绽放成了金黄有活力的花儿，成熟又沁人心扉；4月中则又即刻凋落，结成果实，榨成油汁。一生短暂却又充实，从未有一时是浑噩中度过的，让我没有理由不爱上它。它就像一位天使，高傲而美丽的天使。

我愿做一朵油菜花，平淡无奇的油菜花，享受与自己一般平淡无奇却又充实美丽的一生。

家有"大白"

唐嘉琦

我家有一个又白又胖的妈妈，她并不像我爸爸一样勤劳，总是窝在床上，活似一个"大白"。公司里的她形如雷，做事效率极高；猛如虎，对待下属极严；智如狼，思维能力极强。然而家里的她却截然不同，懒如熊，胖如象，确实是我家的"大白"。

胖

家有"大白"她很胖。正如电影里的"大白"一般，她脸上的肉球圆滚滚的，拥有犀利目光的眼睛都快被这肉球遮掩。我最爱抱着妈妈的肚子，它弹弹的，暖暖的，像棉花一样软软的。可似乎她却从没有意识到这一点，还是不停地吃，不停地睡。每当我将她摁到体重秤上时，她总是不愿接受自己胖了的事实。即使口头上说着要跑步减肥，行动上却是很诚实，第二天便又忘了自己许下的诺言。每每都是我拽着，才肯跑几步，到头来我倒是满头大汗。要我说，就应该把她缩成球，围着小区打滚。

萌

家有"大白"她很萌。我和妈妈不常吵架，就算吵架，最后也会变成一个玩笑。妈妈年近四十，心却似十七岁少女，装萌扮傻她可很在行。每当她在气头上时，总会像一个皮球一样，腮帮子充得鼓鼓的。噘着嘴，插着腰，昂着头，实在是让我恨不起来。那萌爆了的模样太惹人爱了，我总会憋不住噗一声笑出来。顿时，充满怒火的气氛被打破，我们俩又开始说说笑笑。

暖

家有"大白"她很暖。"大白"总愿在我需要帮助的时候伸出手，我从小到大对她印象最深的就是暖。她会在我吃鱼时，为我挑去刺骨；在我作业时，为我端来牛奶；在我过马路时，牵起我的手。她既是我的妈妈，哺育我长大，也是我的朋友，在伤心时听我倾诉，高兴时陪我欢笑，失利时给我鼓励。

妈妈是我家不能缺少的一部分。我爱我家，我爱"大白"。

"宋几何"

于 逸

"下面我们来看这一道题，我先来画个图啊！"说完，他拿起一支白色粉笔，缓慢而又认真地在黑板上画起了函数图像。哇！那画真是绝了！一条条笔直、粗细均匀的直线，简直比教科书还要教科书！"好了，画完了，下面我们开始讲题。"

他，就是我们的数学老师——宋伟军。略矮且稍显肥胖的身体被他自己说成是"黄金比例"，一头黑黑的、短短的、卷卷的头发，为他那原本古板严肃的面庞增添了几分可爱之色，被厚重的眼镜掩藏的鼻翼下方的痣也说成是"美"的象征。

他第一次进教室，就给我留下了极其深刻的印象。丁零零……上课铃刚刚打过，喧闹的教室还没有完全安静下来，这时一抹身影风风火火地快速闪了进来。宋老师来了！我们赶紧抱臂坐好，可还是有那么一两个调皮的男生恰恰被逮住了——"姜宇翔！你又在干吗？躲在窗帘后面玩儿什么呢？"姜宇翔被他说得怪不好意思的，咧开嘴，露着大白牙嘿嘿地憨笑着。"知道你聪明，上课就玩儿，玩儿了又不听，你的成绩都是靠自学取得的，那都和我没什么关系，对吧，姜宇翔？"全班同学哄堂大笑。

"好，下面我们来开始讲题。"宋老师又开启了几何模式，用白粉笔一笔一画地认真画着每一条线，工整有序，简直就像打印机打印出来的一样，连字母也都写得十分规整。难怪，"宋几何"嘛，能没有几个绝活吗？就这样，我们上了一堂又一堂的几何课，对几何的印象深了又深，脑海里不时会涌现平行四边形、矩形、菱形、正方形……

　　宋老师画的线，不单单是几何线，他更是将对教育的热爱、对学生的负责融入其中。那一笔一画映照的是那抹身影在灯下拿着笔的无数次练习，无数的心血和努力。教师的职业是伟大的，教师本身更加伟大，他们用自己说的每一个字、每一句话，为学生的明天铺好奠基石。学生走了一届又一届，而他们自己却在不知不觉间佝偻了身子，褪去了红颜。而这正是他们用一生去诠释的一个梦，一个用一生去完成的梦——教育！

山　最　美

舒鑫婷

推开我家的小窗，一座山展现在了我的面前，它与我朝夕相伴，就像是我的知心朋友一样。

天气晴朗的时候，远远望去，山就像是一块碧绿的翡翠镶嵌在一块平地上。居住在山坡上的小树苗们，在经历了风雨的洗礼后，已经长成了参天大树了。此时它们正在温暖的阳光下，尽情地成长着。最惹人注目的柳树，把自己的"长发"垂到了脚跟。一阵风吹来，它会随着优美的乐曲，在阳光下翩翩起舞。而山坡上流下的清水在山脚下汇成了一股甘泉，用手捧起一捧水，喝下去，清凉甜美的滋味会布满全身。

雨天的时候，整座山都仿佛活了过来，就像一条青龙在雨中穿行着。大树们张开枝叶，吸取着雨水，有了雨水的滋润，它们会长得更加强壮。雨水从空中哗啦啦地落下来，就像成千条闪烁的银链子飞到山坡上，在雨的海洋里，整座山就像是龙在戏水，仿佛就要脱离地面，飞向高空中去。

天气很热的时候，爸爸会带我去爬山，因为爸爸说山里会比较凉快。我和爸爸走进山中，爬到半山腰的时候，我就累得喘不过气来了，不过我还是坚持爬到了山顶。然后感受到了山的美。在山顶，迎面吹来的风很大，把刚刚的热一下子吹散了，我感到了像秋天一样的凉爽。那种感觉不是在空调房里吹着凉风能够体会到的，也不是刚从游泳池里爬出来的凉飕飕的感觉，那是一种让人整个心境都快乐起来的特别感受，烦恼仿佛都随风而去了。从山顶往下望去，一幅迷人的风景出现在我面前：小草和着风婆婆的歌曲与柳树姐姐一起，跳起了美丽的舞蹈。

　　山最美，它是我们人类的好伙伴，我希望人们都能和我一样，爱护它那青绿的外衣。

那片山楂林

最后的诀别

庄 梦

撕心，裂肺。

我死死抱住它，一遍遍喊着"不可以"。妈妈无奈地看着我，只是一遍遍告诉我"必须把它送走"。

它，是一条黑白花纹的小土狗，说得好听点儿，就是只漂亮的中华田园犬。虽说它是小土狗，可我们可没把它当农村里浑身脏兮兮，整天吃剩菜剩饭的土狗来养。有人给它喂狗粮陪它玩儿，有地方给它挡雨睡觉，时常给它洗澡，时常喂它骨头。它有家，一个温暖的家。

我至今尚能记得它那一身发亮顺滑的皮毛，头部一片黑毛，中间还有一块白。小巧的脑袋上生着一对尖而短的耳朵，右耳皮上还可以摸得到它的伤疤，那是跟小区里大金毛打架留下的。狗的眼睛是很漂亮的，棕色的眼瞳，亮得很，眼珠子一会儿转到这儿，一会儿转到那儿，非常灵活。然而最大的问题出在它的嘴上。

"它老是叫，还会咬人，我们不能再养它了。"

我无法反驳，可我不忍心。

它仿佛也通人性似的望着我，伸出长长的舌头舔我挂着泪水的脸。我哭得更狠了。

还记得它刚来我家时，小小的身子睡在一个小纸盒里，一转眼都有半人高了。对于陌生人来说，它就是一个可怕的庞然大物，随时会扑过来咬你一口。但对我来说，它只是一个没长大的玩伴。

我不放弃任何挽留它的希望，哪怕只有一丝可能，我也要争取。

妈妈似乎有了别的主意。

"那如果送回老家养呢？"妈妈试着退了一步，"我就不应该同意你养它。"

我泣不成声，已经无可挽回，只能放开了手，珍惜和它在一起为数不多的时光。

我们终要分离。每当看到那个空荡荡的犬笼，我就又放不下它了。

那是最后的诀别。

那片山楂林

许 辰

"冰糖葫芦甜又甜，红红山楂圆又圆，一排排呀一串串，尝一尝呀笑眯眼……"录音机里传出来的稚嫩童声，勾起了我儿时那段充满着酸与甜的回忆。

妈妈单位的院子里有一片山楂林，无论何时，那片山楂林都是一幅极美的风景。清晨，一抹淡淡的阳光透过缥缈的晨雾，似有似无。当万物都处在朦胧之中时，阳光终于穿破了晨雾，洒在山楂树上，像是给山楂树蒙上了一层淡淡的金纱，整片山楂林都散发出一种温暖、清新的气息，令人心神舒畅。

傍晚，落日余晖斜照在山楂林上，瞬间给翠绿的叶片镀上了紫金的光芒。忙碌了一天的动物陆续回归自己的小窝，鸟儿悠闲地叫几嗓子，或相互依偎，或自娱自乐，抒发它们内心独有的满足与快乐。

夏季的山楂林，是那么热烈奔放。一枝枝树梢上开满了白色的小花，散发着淡淡清香，把夏天的山楂林打扮得如此妩媚动人。躺在松软的草地上，看湛蓝的天空一碧如洗，听小鸟啁啾，欣赏着山楂花，晒着温暖的日光，真是一种无与伦比的享受啊！

秋季的山楂林，充满繁忙与欢乐。满树的山楂像一个个红红的小灯笼，喜气洋洋。每当这时，我便迫不及待地和妈妈一起去摘山楂果，摘的时候还忍不住偷偷尝几个。每年，我们都要熬山楂酱，今年也不例外。回到家后，姥姥把山楂洗净，去核、切块、入锅、倒水。每个环节都十分流畅，没有丝毫停留。趁着山楂正在锅里煮着，姥姥又马不停蹄地把剩下的一些山楂洗干净，均匀地铺在匾里，放在门前的院子里，等着晒干，这样就可以用干山楂片泡水喝了。屋里逐渐弥漫着酸甜的味道，我知道，山楂酱的熬制现在已经正式开始了。姥姥用木勺缓缓搅动着锅里的山楂，看着山楂渐渐变得黏稠，颜色变得暗红，我赶紧捧着手中的玻璃瓶，姥姥快速把山楂酱倒入瓶里，我开心地笑了，姥姥也开心地笑了。

"你一串我一串，不给她呀要翻脸，咬一口蹦一蹦，不再给妈妈把气添……"这童真的歌谣让我重新找回了心中那最美好的回忆。

枫

李心宇

我停下了。

一株枫树吸引了我的注意。枫树并不高，被几棵高耸入云的大树包围着，却依然如此夺目，红得耀眼。树干很细，一只手几乎可以包住。雨水让它微微弯下了腰，层次感却更加分明——层层叠叠的枫叶错落有致，远观恰似一座大山，让人不禁浮想：山中有没有人家？山顶有没有寺庙？雨水流出的一条条河从山脚滴下来，落在我的手上，清凉极了。每一片枫叶的形状各不相同，有的宽厚，有的尖细，不变的是那一抹红。

枫叶红得恰到好处——浅一点儿让人觉得肤浅，深一点儿让人觉得妖媚。这样的红经常可以在荷兰画家的肖像画中的人物嘴唇上看见。荷兰画家极其擅长把事物画薄，画中的人物肌肤似透明的一般，连那血管都可以看清楚。枫叶也是这样，四通八达的叶脉不得不让人佩服大自然的聪慧——这绝对比我们任何的管道工程更加精密。隐隐约约似乎看见这些管道一鼓一鼓的，输送着生命的养分。

这些管道直通着枫树的根，这树根扎得也极有特色——不是一根根盘旋交错，而是径直向四面八方伸去。我不禁想起汉字"基"。在我看来，这是最大气磅礴的汉字，刘伯温的名字起得实在是太妙了。

　　总而言之，这是一棵热情、朴实又略有神秘色彩的树。

　　实际上，这棵树最妙之处在于树干。仅仅是普通的竖纹和一点儿横纹，就组合成了一个又一个精妙的图案——长胡子老人的头、立着的琵琶、一泻千里的瀑布……

　　我不禁伸出手来抚摸这株造物主的杰作。

小 怪 物

孙悦菡

细雨，绵绵。叫声，不绝。

挥舞着手臂，尽力驱赶着那个黄黑相间的小怪物。

下着牛毛般的小雨，有些人说是不会去了，也有人抱怨下着雨怎么爬山。可最终，不得不打点着行囊就这样子去了。

到了栖霞山，没有看到"霜叶红于二月花"的景象，也别提什么"看万山红遍层林尽染"，叶儿懒着呢！还不想那么快换上红装。多数人还在"寻寻觅觅"着想象中的美，却得来"冷冷清清，凄凄惨惨戚戚"的遗憾。

栖霞山的香火依然笼罩着寺庙，似如烟的幻境，绕塔转三圈，说是能一年平安。就在那偏僻的小角落，有几级台阶向着远处延伸，只是想一探究竟，便往山上爬了。地面潮湿，半山腰那几个女孩儿小心翼翼地打着粉红色的伞向上攀爬，不知走了多远，周围的人说饿了，累了，想下山了，便也作罢。

找来找去，也不见有个能安稳坐着的地方，便寻在古楼下，用塑料袋垫着坐下了，拿出包里的寿司，下雨天，寿司与它最配了，就差了落樱满地。吃完后，又拿出面包慢慢吃着，看着平板电脑，忽然，嗡嗡的声音传来，什么飞得极快，蜜蜂！周围的女生都尖叫起来，我也不例外，捂着耳朵颇有几分掩耳盗铃之势，飞了一圈又不见了。过了一会儿，它又来"拜访"我们，又是一阵喧闹。在这混乱中终于吃完了一个面包，当我拿起另一个面包准备啃的时候，蜜蜂又来了。闭紧眼睛，紧锁眉头，听着听着，似乎没有了，这才安稳些。

"它在吃你的面包！"

朋友的一番话让我陡然紧张起来，"啊啊啊！"将面包向前一扔，越发向柱子靠了靠，这可恨的小怪物！面包是不能再吃了。有意思的是，它这般打搅我们，我们却自始至终舍不得挪窝儿，依旧好端端地玩着手机，画着画，谈笑风生，屋檐上的雨滴落下来，这应是最美的一景。

可小怪物一来，那定又是混乱一时。

那片山楂林

滑雪初体验

许琛琛

今年寒假，我来到了向往已久的有着"东方莫斯科"之称的哈尔滨。在旅程的最后一天，导游带我们来到了滑雪场，这让我欣喜若狂。

去滑雪场的路上，我的脑海里浮现出来了这样一幅画面：一个滑雪高手站在坡上，像龙卷风一样，途中不断地转弯，向我们炫了炫他的技术。我的心仿佛已经来到了这个冰天雪地的世界。

终于来到了期待已久的滑雪场，我拎着滑雪鞋和雪板，开始研究起了穿法。凭我的聪明才智，我终于穿上了这笨重的滑雪鞋，提着我这双像绑了石头似的腿，慢吞吞地走入雪场。教练教我穿上了雪板，并对我强调了滑雪的一些重点：滑雪时雪板间的缝隙要前窄后宽，呈八字形，身体一定向前倾，这样才不容易摔倒；如果摔倒，一定要向两侧倒，不要用手撑，这样很容易骨折。我嘟着嘴心想："这讲究还真多，管他呢！"

教练先教我怎么在平地上行走，滑行，转弯，然后又在一个缓坡上教我行走和转弯。我模仿着侧着身子，一点儿一点儿小心翼翼地往上走。途中，身子总会不自觉地往后仰，差一点儿滑下山去。但是，教练都会第一时间来营救我。见我训练得差不多了，教练便带我坐上了"魔毯"来到了初级雪道，开始进行滑雪训练。我开始幻想起自己在山坡上"翩翩起舞"的样子了，看着别人崇拜的眼光，我噘噘嘴向下滑去……

"魔毯"慢慢地将我带到了半山腰，我向下一看，下面是非常宽阔的大雪坡，四周到处都是白雪茫茫。看着人们一个个飞驰下去，我也跃跃欲试。我一开始认为自己会滑旱冰，学滑雪也是"水到渠成"，但真滑起来才感觉到自己重心不稳，而且速度一快，便会乱了阵脚，忘了刹车，整个人都飞了下去。没滑出多远，我就感到滑板有些东扭西歪，心里有些害怕，四肢僵硬，教练看出我的紧张，便叫我刹车，我连忙来了个急刹车，结果差点儿向前扑去。教练说只要控制好速度，身体向前倾，就不会有什么事了。我记住教练的话，开始艰苦地训练。

滑板载着我一次次地疾驰，刺骨的寒风像成千上万根银针一样扎在我的脸上，可我顾不了那么多了。我一边滑一边默记着动作要领，有坡的时候要减速，看好旁边有没有人……转眼间我就滑到了坡底。啊，我真想不到原来滑雪可以这般奇妙！

在一次次滑行的过程中，我像一只风中的燕子一样轻盈，平坦的坡底频频向我招手。我终于成功地征服了又高又陡的中级雪道。训练结束的时间到了，我回头看了看我滑过的雪道，才恋恋不舍地和爸爸离开了雪场。

烟雨游栖霞

孙绘雯

　　秋风吹来了企盼秋游已久的同学们，一条条红领巾朝着栖霞山跑去。

　　空中飘着蒙蒙细雨，山间道路上盛开着一朵朵鲜艳的"伞花"。照相机前，同学们露出了经过长达一小时车程后的第一个笑脸。

　　小路绵延至山顶，天空中的小雨时下时停，枫叶半绿半红，甚是可爱。有的同学停下脚步，拍照留念，还有的同学摘下一片枫叶，回家后准备做书签。被枫叶环绕着的是清朝乾隆年间兴建的明镜湖，湖中的湖心亭小巧典雅，与岸相连的九曲桥如人生的道路一般迂回婉转。湖心有观音菩萨的雕像，近观真是一处好风景。

　　栖霞寺三面环山，古树在一旁悠闲地生长，来往的香客络绎不绝。旁边的小亭里，走累的同学们在那儿歇息，吃点儿点心，以便过一会儿向山顶进发。

　　迂回的小路通向两边，我们一行五人见右边的小路人少安静，景色也不错，便选择从右侧上山。一路上坡很陡，我们一边走一边停，路上遇着了几只可爱的野猫，便有同学拿起手机拍下它们可爱的模样。爬到半山腰路开始平缓了，路边上有一座"桃花山亭"，我们决定在那儿歇脚，顺便把午饭也吃了。闲暇之余，同伴拿出手机放好听的歌曲，悠扬的歌声弥漫着整个小亭，我们五人慢慢地将刚才爬山的劳累给忘却了。

整顿好背包，我们继续上路。我们发现有一条栈道直达山顶，便一鼓作气爬上山顶。路上不时有蝴蝶曼舞，不知名的野花娇鲜可爱。山顶的风景甚为壮美，绵延的群山，红绿相间的树林如画卷一般美丽，惹得我们五人纷纷拍照留念。后来因为怕迷路，便没有再去别的景点游览。

烟雨笼罩着，我们告别栖霞山，告别山中客，踏上了归途，但愿那枫叶全红时，秋风能捎一片送给我。

这就是成长

周　旭

　　七年前，当那个懵懂又期盼的我踏进那间教室时，并不知道那段残忍又幸福的岁月，在等待着……

　　练好书法是我幼年时期在妈妈刻意"栽培"下诞生的梦想。于是，七岁那年，我被送进了一间处处墨香洋溢的教室。但不幸的是，从新奇喜爱到无聊厌乏，我只用了不到两个月的时间。从此，我过上了每天为逃避练习与妈妈"斗智斗勇"的生活。

　　在练书法这件事上，一向宽容的妈妈立场坚定得难以想象。当我第一次提出放弃时，温和的妈妈差点儿当场掀桌子。然而，我的决心也是难以撼动的，为了逃避书法课，我费尽心机找理由，可每次又都被拆穿，最终无奈地去上课。最令我难以忍受的是妈妈严苛的管理，为了使我多一点儿时间练字，她规定我必须在晚饭前完成作业，饭后就是难熬的习字时间。我被迫提起似乎有千斤重的毛笔，度过漫长的时间。于是，我和妈妈之间似乎只剩下争执。每每在面红耳赤地争论后，我在黑暗中委屈，最终无奈地含着泪水沉沉睡去。那时的我不明白，为什么要被迫坚持不喜欢的东西，为什么妈妈如此不近人情。

偶然的机会，临近期末，一个无聊的夏日黄昏，压力逼得我喘不过气来，突然看到墙角的毛笔，那就写一张字吧。提起笔，在纸上落下一片墨香——终于明白何为墨香——我似乎终于懂得书法的真谛。在那个光线昏暗的傍晚，在忘乎所以，随性写下的字里行间，书法的灵魂就那样出现了。忽然想起，妈妈或许也在黑夜中啜泣，为我的任性、偏执落泪。她又何尝不知道我的心意呢？只是她明白，成长中最大的过错是错过，她不想让我错过一次成长的机会，一个人一生能坚持一样东西是那么可贵又难得，但我却不懂她的心意。

　　恍然明白，这些年妈妈想让我坚持的，不是书法，而是去体验成长的酸楚与快乐。我不由得又湿了眼眶，这次是为了那伴随疼痛的喜悦。或许，这，就是成长。

爱不寻常

郑小伟

从小到大，妈妈在我面前都更像个孩子，略带恼怒地抱怨着生活的重担和无法实现的梦想。其实我知道，编织这座牢笼的，是她对我不同寻常的爱。

妈妈说，她最大的梦想是周游世界，在一个最美丽的小镇住下来，过不食人间烟火的生活。每当她满脸憧憬地仰望天空时，我总是嘲笑她文青病又犯了。妈妈白我一眼，数落起我的不贴心，"小棉袄"的温暖都跑光了，我总是不以为意。

前段时间妈妈收拾屋子，竟从一个柜子的夹角处翻出一张泛黄的地图。看着这张地图，妈妈静坐了很久，最后小心地叠好带走了。几天后，我意外地在她笔记本里发现了这张地图，出于好奇，我打开了它，却无意中发现了一个珍藏其中美好的梦。一张不大的地图，用金色的荧光笔圈画出了多个国家，旁边密密麻麻写满了少女的期盼，什么时候去，停留几天，参观哪些地方，连纪念品也构想好了。那金色的字迹，因为雀跃而有些潦草，但妈妈曾经的梦想，却依然金光闪闪，戳中我心底最柔软的地方。这张地图，本应该在法国、意大利、土耳其、加拿大……捏在手中，被各地风景晕染。可现在，它却在柜子的夹角处暗无天日地封存了十几年，被夹在记事本里，遗憾地当作遥不可及的梦收藏。这样的落差，只是隔了一个我。我出生后，妈妈便从少女变成了母亲，也失去了任性的权利。这样一份夹在地图里的爱，不同寻常的深沉，从不轻易流露。

三十九岁生日时，妈妈怅然时光流逝，并念叨不过四十岁生日了。我本想取笑她的小幼稚，一抬头却捕捉到她眼里的一抹惆怅。是啊，妈妈已不再年轻，当初装着全世界的无畏之心，现在却因为我变得不再一往直前。我郑重地送给妈妈一份新的地图，并向她宣布：以后可以做自己想做的事，我已经长大了，不用替我操心。妈妈的眼神在烛光的映衬下格外温柔，她说，这是她收到的最好的礼物之一。我不服气，问她还有什么。"二十六岁那年，我拥有了生命中最重要的小天使啊。"妈妈的话轻轻的，像雾气，笼罩在我周围。我看看她微微泛红的眼眶，泪眼蒙眬，心里却填满了爱，忍不住，笑出了声。

妈妈时常抱怨自己的梦想都磨灭在这平凡的日子里了，但这抱怨的背后又何尝不是一份不寻常的爱呢。妈妈，我懂你的爱。

繁花岁月

梁　丹

现在的生活节奏太快了，街上满是行色匆匆的人，紧张、忙碌，却又不知前路。偶尔从忙乱的漩流中仰看灰蒙蒙的天空，我愈发怀念那段一树繁花的旧时光。

我儿时住在爷爷奶奶家，推开大门，就是一棵合欢树，它不是我见过的最大的树，却是最苍劲的，蟠龙般曲曲直直向上延伸。那是一种历尽岁月磨砺的美，是南京街边那些悉心呵护下成长的梧桐无法相比的。更美的，是合欢花，粉红的，缤纷绚丽，好似一团火焰，密密麻麻烧红了半边天空。

我喜欢这种梦幻的美，坐在树下玩耍，连空气也是甜蜜美妙的。我时常在树下发呆，仰着脸注视着一树繁花，什么也不做，就可以度过一个宁静的下午。阳光洒在花瓣上，金闪闪的，澄澈的天空作为背景，这是我看过最美的油画。在树下，我总能感到闲适的愉悦，心灵是放松的，满树繁花像是我的守护神，用它巨大的树冠，为我遮住了所有风雨。

每当我在树下静静打发漫长的午后时光，总有几个人，老人，中年人，也有学生——驻足望着我，眼里满是羡慕与怀念。

现在我总算渐渐懂得那眼神的含义了，他们是在思念那段自己的美好岁月，那段可以在合欢树下发呆一下午的岁月——他们的童年。但一切已回不去了，有一条信念已深深印入他们的脑海，将他们卷入永不停息的机器中，那信念就是生存。

搬家后，我挥手作别自己的繁花岁月，开始了新的生活。我紧张、焦虑，无暇想起曾经的一树繁花。前段时间，那里要拆迁了，树也会被移栽或砍掉。我抽空回去看看，本是心血来潮，但一进门，一种熟悉的感觉便包围了我。那棵合欢树，仍旧在那里，粉红的花在呼唤我。它知道我曾经的一切，苦恼和欢笑，伤心和雀跃，它深沉地包容着我，无论何时它都能让我安心。但我就要失去它了，为了生存。我又想起路边那伫立的眼神，那段生活将永远离我远去。

从前的日子过得很慢，车、马、信件都慢。太阳一点点升起，又一点点落下；花一朵朵地开，一瓣瓣地落下。凡是自然的东西，都是缓慢的。那一段繁花岁月，才是真正的生活。

故 乡 的 船

田修华

在老家，有两条小船。一条在门前的小河里，一条在我家屋后鱼塘里。小河里的船大些，我们只有在捞水草时才会使用；而用来打理鱼塘的小船非常轻盈、灵活，它是我的天堂。

记得小时候，每次回老家，我必会缠着大人们划船。大多数时候，爸爸会放下手中的活，挑两个竹竿，带我上船，在鱼塘里漫游。

起初，我不知道怎么划船，又没有力气用竹竿撑船，往往手忙脚乱。常常十多分钟过去了，船仍在原地打转。眼看着船不往前走，我急得直喘气。这时，爸爸便拿起自己的竹竿，让我不要动，不慌不忙地左一下右一下划起来。感觉没一会儿，船已经绕了鱼塘一圈。

有一次我们正在享受着泛舟鱼塘宁静的气氛时，一条鱼突然从水中蹿起，跳落到船上。它或许是过于陶醉抑或是受到惊吓，只见那鱼全身上下一片银白，在船上乱蹦，我好不容易抓住它，往水里轻轻一丢，它在水里一个扭身，瞬间钻入水下，消失在水中。

看到划船如此有趣，我便缠着爸爸教我划船的技巧。爸爸将船划到鱼塘中央，告诉我，划船不能只在一侧划，否则会在原地打圈。需要左右轮流划，这样船才能往前走。我照做了。同时体会到了转弯的技巧：往一个方向转弯就得在另一边划。

起初我不是特别熟练，总是会贴着鱼塘边划船，又时不时会撞到岸边，还会压到插在池塘里的竹竿。但这没关系，我不在乎自己的划船技术。我很享受周围水乡宁静的环境，在喧嚣都市里察觉不到这样的寂静之声。在这里可以听见柿子落入水中的扑通声，呼吸着带着青草叶香味的新鲜空气。随着船的浮动，倒映在水中的树忽隐忽现。水面上常有不知名的昆虫停在上面，有时蜻蜓在水面上四处飞舞，水中还可以看着西边的火烧云……

当我陶醉在其中时，却因天色已晚，不得不被大人们叫回去。

我随着年龄的增长，兴趣也慢慢发生变化，加上学业渐渐繁多，与划船接触的机会越来越少。但童年的划船经历，却是我心中最美的回忆。

小　胖

邵志豪

非常神奇，在人生的每一个阶段，我总会遇到一位小胖。他们要么是最聪明的，要么是最调皮的。可是，小学高年级阶段的这位，似乎哪种都不属于。

他不高，算不上好看。一米五多的个子，全身似乎都是脂肪。他的头便由此显得大得惊人。一双敏锐的小眼，不知道那一直在聚焦什么，底下是一只宽厚的大鼻子和总是笑着的嘴。

他的思考方式和别人似乎不同。问他问题，他总会回答两遍，第一遍十分响亮，第二遍则弱下去很多，似乎在思考自己刚才说的话。他也喜欢逗别人，学我们叫别人外号，换来的是一阵大笑。

但是却总有人欺负他。有时给他钱让他去买东西，有时让他给自己拿东西，有时甚至拳脚相加，只欺负他不还手不还口。我们一群人在边上看着，似乎也只是看个笑话。

前几天体育课，学习投篮。十来人在一座篮球架前投，十分混乱。十来个球同时飞上前去，早已不知我的球去哪儿了。

半分钟后，大家散开了许多。我才发现我的球仍在飞速向远方滚去。半分钟竟已滚了上百米远。我只好撒腿跑去，去追那可怜的球。

要知道，当时打篮球之前，我被另一个同学的球撞了一下，小腿疼得很，跑了没多远，便跑不动了。

这时小胖来了，他用很怪的腔调说："你的球飞啦。"然后就立马向球的方向跑去。从背后的角度看，他似乎不是那么胖了，两条腿是如此轻盈，以至于一小会儿，他就抱着球回来了。

他还是那傻傻的表情，可是却多了许多可爱的模样。他满头大汗，脸上笑着，把球递给了我，我心潮澎湃地接过了球。

我突然有种想拥抱他的冲动，可是又不好意思。他如此傻乎乎，却有一颗珍贵的、善良的心。他能真诚地、拼尽全力地帮助别人，尽管那人以前并没对他好过。或许，我应该好好向他学习。

"谢谢你。"我向他说道，接着又在心里补上了半句：可爱的小胖。

学号三十三

姜宇翔

　　我独自在教室里漫游着。时值3月，窗外鸟语花香，春意盎然。教室里整整齐齐排放着的桌椅，在阳光的照耀下，分外可爱。可令人感到奇怪的是，竟有一对桌椅单独排放在教室的一角，似乎自成一列，上面铺着厚厚一层灰尘。这张桌子是谁的？怎么会这样摆放？我疑惑地走近，直到看到了桌边的姓名贴，才猛然忆起了他，这个曾经的伙伴，这个已经被遗忘的人。

　　他叫唐英还，学号三十三。

　　2016年的初春，正是大家开始熟络起来的时候。没有了五年级上学期的那份拘谨，同学间的关系越来越好了。每天下课，教室里少不了哄闹，少不了欢声笑语，大家组成各自的小团体，玩得不亦乐乎。可他，却总是被遗忘在外。不知道为什么，没人陪他玩。他只好搬搬花花草草，给它们浇浇水，干好老师布置的工作。当他看到一个个嫩绿的小芽长出来的时候，没人知道他心里是怎么想的。是无奈，还是苦涩？

　　夏天，一个忙碌的季节。窗外骄阳似火，一棵棵大树疯长着，班里的气氛也正如外面的那样焦热。临近期末考试了，无数的卷子压下来，压下来，使大家没有喘息的机会。可他，却丝毫没有紧张的意思。面带平淡的表情，他在走廊里来来回回。他在想什么？难道他已经决定了离开？

　　时光匆匆，来到秋天。漫长的暑假过去，他的声音变了，变得有些沙哑。他开始拥有了朋友，但不多，也没有知心的那种。那一天，当他告诉我们他即将离开时，同学们间引起了很大一场风波，可他脸上仍旧是那种平淡无奇。校园里，秋风萧瑟，金黄的树叶铺满了道路。正如这些树叶的命运一样，不久之后，他即将离开的这件事也将被我们遗忘。

　　冬天来了，五年级下学期的期末考试结束了，他也就这样走了。没有人在他离开的那一天和他道别，却都在谈论着游戏。也许带着一点儿不舍，也许带着一点儿遗憾，他，迈出了这个校园的门槛，再也没回来过。我看着眼前的座位，拿起抹布擦拭干净。我会记住你的，你的学号，三十三。

那片山楂林

153

谢谢你陪我走过

江 飞

天空灰蒙蒙的，杂乱无章的雨滴从空中落下，砸到地上，溅起，再落下，形成了一段有序的节奏。嗒嗒、嗒嗒，听起来像是在为我的书包送别。我站在避雨的楼道口内，望着外面逐渐被雨打湿的书包。它旧了，不耐用了，正好在我快到家时肩带断了，于是就掉在了雨中。我久久地凝视着它，原本以为只是要换个书包而已，可猛然发现，我将要送走的，竟是我的四年光阴。

还记得在上小学之前，当我到文具店里的时候，一眼就看中了它。不知道为什么，那个时候本应被花里胡哨卡通人物吸引的我，却选择了这个，这个用几笔简单线条勾勒出米奇轮廓的书包。也许是看中了它的实用性，也许只是个巧合，更多的也许是感受到了它那股隐隐的倔强。

我第一次背上它，是在上小学的第一天。那一天，我不舍地和父母告别，独自迈入小学的大门，来到完全陌生的班级。四周的许多同学都在大声哭着，哭着要去找妈妈。但我没有，不知是哪来的勇气。我倚靠在书包上，感到一种前所未有的安全感，也许正是它给了我勇气。这书包便成了我的靠山。

从这天以后，我每天上学放学，都少不了它的陪伴。当我每天蹦跳着去上学的时候，它一定感受到了我的快乐；当我放学傍晚回家，嘴里咀嚼着糖时，它一定也感受到了甜滋滋的幸福。它总是任劳任怨，不管我是将大量的书本塞了进去，还是将心爱的玩具小心翼翼地藏在里面，它都会认真地保管。我们俩成了相互信任的朋友。它带着我的梦想，扬帆起航。

　　那一天，当我的同学一不小心将墨水洒在了它身上时，我不知道发了多大的火气。当我好好地检查着书包上的污渍时，才猛然发现，它已经失去了当年的风采。原本身上鲜艳的天蓝色，已经被灰尘覆盖得看不出痕迹；铁质的拉链，竟有些生锈的模样。就像是一名中年妇女，被生活打磨得不修边幅。我回家将它好好地洗干净了，灰尘和污渍都没了，色彩却还是那样黯淡。我在心里告诉自己，从前是它保护我，现在我要呵护它。这一年，我四年级。

　　可我终归没有保护好它。就在今天，它的肩带断了，再也不能使用了。我将要把它收起，带着我奋斗的四年级，带着小学的前半部分，收好。从今天起，一切重新开始。

黑 米 糕

潘靖宜

"卖黑米糕喽！又甜又香的黑米糕！"这一声的吆喝，便让我知道新的一天又开始了！

卖糕的是一个高个子阿姨，看上去十分和蔼。每天早上，她总会在六点半时推着有锅、糯米和各种材料的车子走过来，到小区门口停下开始做糕。她的黑米糕，总是现做的，而且每次只做一锅，卖完才会接着做。而她的小车前，总是排了很长的一列，那都是慕名前来的买黑米糕的人。

黑米糕在我脑海里有些抹不去的记忆。每天早晨，还带着迷迷糊糊的睡意时，外婆就会牵着我的手，去门口买黑米糕。等到了那被白烟雾环绕的车前，我才完全清醒，把脸凑在一块块黑亮亮的糕前，使劲儿地吸鼻子，好像想把所有的香味都吸进来。阿姨麻利地用袋子装了五块糕，还要笑着放几块糖在我手上。这便让我得到了极大的满足，所以一整天也就乐呵呵的了。

黑米糕，是我童年的快乐，也是小时候心中那股快乐泉水的源头。

后来上了小学，离家很远，就在学校旁租了房子。从此，没有了黑米糕的陪伴，外公外婆也因身体原因回了老家。后来，那边的房子也卖了，我也因为功课繁重不再往那个地方去，而那曾经十分深刻的味道竟也淡去了。

一次偶然的机会，我又吃到了那熟悉的味道。

外婆要来南京住一段时间，周末便一起开车在南京城转转。不经意间，我们沿着老路又回到了那个熟悉的地方。路还是一样的窄，但似乎翻新了一下，以前的小摊都不见了，唯有一处与这条街不相映衬——小区前的那卖黑米糕的小车！还是那个高高的阿姨，和麻利地为客人们拿黑米糕的动作。央求着老妈把车停下后，我和外婆又牵着手向小车走去。依旧是白烟缭绕，只是烟后那个面孔似乎老了一些，眼角也多了些皱纹。我正疑惑，扭头去看外婆，却发现她脸上的皱纹也变得多了起来，身高像是缩了水，与我平齐了。岁月让我长大，逐渐成熟，而外婆却不再是那个充满活力的人了。当再一次尝到了那黑米糕，并看到了外婆那有些蹒跚的步伐，我这才意识到，从前的那些人、那些物都不同了。

当阳光铺洒在那阿姨和小车上时，我久久地注视着她们，因为不知何时还能再相见！

酒 伤

唐 琪

虽说已是阳春三月，可是终不敌春寒料峭。一阵冷风从窗户的缝隙中钻了进来，使我不禁打了一个哆嗦。细雨挂在柳梢头，空气中除了清爽的青草香，还隐约透着一股淡淡的酒香。

今天恰好是清明前夕，爸爸和我便提着黄表纸，捧着菊花去看望爷爷。每次去都是带一壶陈酿，三年来，这个习惯竟未曾变过。

雨静静地从空中落下来，打湿了菊花的花瓣，也打湿了我俩的衣裳。轻烟在空中徐徐上升，却闻不到烧后的焦味，三年前墓道旁还是一排排小树苗，可是三年后，就变成了一人多高的绿荫。这三年唯一没有变的，只是那缕不浓不淡的酒香。

他面带笑意，轻轻地向我走来，带来了一股香甜的糯米味。这是微熟的酒所特有的香气。他用宽大的手掌轻抚过我的脸颊，迷人的香气让我仿佛回到了过去。

小的时候，每逢家庭聚会，他总会搬出一坛自酿的酒吆喝着让大家品尝，每当大伙儿高兴地问他秘方的时候，他总会一遍又一遍地回答，高兴得不亦乐乎，两颊红红的，跟饮了酒似的。

苏南人极其擅长用糯米酿酒，在不同时节酿的不同浓度的酒也有着不同的叫法。早春梨花开时下酒药，在谷雨时拿出来喝的酒叫作梨花酿。放置三年后，便可以称为梨花陈酿。此酒最适合于招待亲友，爷爷也最擅长酿这种酒。

　　他总是先穿上一件素色长衫，将袖子高高地挽起，双手从酒药罐里拈出一把酒药来。灰白色的酒药（实际上是酵母菌），随着双手的搅拌均匀地附着在洁白的糯米上，糯米被搅得上了黏劲儿，黏在手上不愿脱落。每逢此时，爷爷总会把手指在旁边的清水盘中蘸几下，于是那糯米便纷纷脱落了，掉在了酒坛里。

　　人生也是如那糯米，本光洁净白，但总不免沾染污秽。你越纠缠，越无法脱身，这时便要依借外力，最终由混沌变得清澈。

　　雨中我和爸爸静默着，好似一尊雕像，时间静止了，空气也凝固了，只闻到那一缕淡淡的酒香。我在墓前轻轻摆了一只酒杯，斟满了七分的酒，心中默念道：一壶浊酒尽余欢，今宵别梦寒。

门

吴 蔚

那是我记忆里的一扇门，一扇有历史的门。

在我很小的时候，外公外婆家的院门是一扇铁栏门。门的右边有一棵高大的樱桃树，像一个门神一样守护着。树下花坛里的藤蔓附在门上，开了花儿，甚是好看。

小时候，我总爱和表弟在树下玩游戏。春天采各种花儿，夏天喷水枪，秋天踩树叶，冬天堆雪人、打雪仗……那扇门一直安静地看着，仿佛微笑着，像一个不会说话不会动的伙伴陪着我们。

稍微长大些了，我和表弟都爱出去找其他小伙伴玩耍，我们坐在门前，总能清楚地看到谁正在跑来。从外面回来，在深巷里，我和表弟总能第一眼望见那扇铁门。我们坐在门前，望着它，吃着樱桃树上的大红樱桃，我们觉得那扇门就像温柔的母亲，呼唤我们回家。有她的地方，就是家。

后来，我和表弟都上了幼儿园，我们喜欢坐在门前讲述一天发生的趣事。晚饭后，我们总爱拉着外公给我们讲故事，从《白雪公主》到《嫦娥奔月》，再到四大名著里的精彩瞬间，我和表弟都百听不厌。微黄柔和的灯光下，我们咯咯地笑着，那扇门依然很安静，像是在倾听，又像是在分享我们的快乐。那扇门是个和蔼可亲的老人，那攀附的藤蔓，是他花白的胡须。

后来，因为外公家要重新装修，那扇门被换成了大铁门，那扇见证我们成长的锈迹斑斑的门被换走了，樱桃树也卖了。院子里盖上了新房子，我的童年，随着那扇门而去了。

现在，我和表弟像七年前那样坐在院子里，可再也不能透过门直接看到外面往来的人，再也没有藤蔓攀附在上面，再也没有一棵高大的樱桃树守护着，再也没有稚嫩的笑声在门前回荡着……这一切，都过去了。

那扇门见证了我们的成长，陪伴我们度过一个又一个春夏秋冬，那些年美好的回忆在我脑海里挥之不去……

特别的礼物

吕静雯

一天晚饭后，老爸突然把我叫过去，我有些不安，最近没犯错误呀！

我忐忑地进了里屋，只见老爸在摆弄一只箱子，箱子的外表是深绿色的，他按了几个键，箱子打开了，里面的东西不多，但都富有纪念意义。

接着，老爸拿出一个紫色的布袋子，里面有几颗微微泛黄的乳牙，其中有两颗还被蛀了洞，黑乎乎的。"这是你以前的乳牙，被我收藏了几颗。"老爸笑了笑，"现在你换完了牙，我就把它们交给你吧！"

我不由得回忆起小学时第一次拔牙的情景。一天，我突然感觉到门牙松动了，想自然掉，就没去管它。过几天，发现新牙已经冒出了尖，而乳牙还没有掉的迹象呢！老妈看了，说是不拔牙，恒牙会长歪。我一听说要拔牙，立刻吓得哭了起来。

然而，眼泪不能打动老妈。来到牙科医院，医生笑眯眯地听了老妈的叙述，便示意我躺下来。可在我眼里，医生的笑是恐怖的，冰冷的钳具是可恶的。我似乎感觉眼前出现许多鲜血，阵阵刺痛着我摇摇晃晃的牙。我不由得号啕大哭，医生说什么都不理。

我哭闹不止，医生没办法，只好答应给我打麻药。我重新躺下去，医生用一根针管刺进我的牙龈，我的嘴一阵发麻，医生迅速把钳子伸进我的嘴里，拔掉门牙。这个过程在瞬间就完成了，一点儿都不痛，我开开心心地回了家。可是很快药效消失了，我便感觉到了疼痛，一直到第二天才好。自此以后，我开始痛恨拔牙了。

自那以后又陆续掉了多颗牙齿，但十有八九是拔掉的。虽然疼，但拔完后心情总是大好，因为嘴里没有了摇摇晃晃的东西，好舒服，可以大快朵颐地吃饭了。疼和乐连接在一起，让我经历一次，成长一回。

看着这几颗牙，就像在回顾我的成长经历，从一个稚气的啥都不懂的小屁孩儿变成一个青少年。这几颗牙，就是最好的见证。

春天是一位魔术师

李雅晴

生活或许是困苦的，艰涩的，但只要你静下心，你就会察觉到生活的美，就会品尝到生活的味道……

那个清凉午后，村里"空无一人"，天地间一派安静，只有鸟儿在树枝上唱歌，勤劳的蜜蜂嗡嗡地闹着。我独自坐在窗旁，透过"隐形"的玻璃看着这美景，不由得感叹大自然的创造力。于是，我决定在这个暮春时节，来一场踏春之旅。

我顶着凉风走进了小树林，那儿的树是那样高大挺拔，郁郁葱葱，其中几棵槐树散发着诱人的香，隔几百米就能嗅到它们那迷人的芬芳。

这时，风儿从我身边悄然飞过，带动着槐花飘落在地，如同下了槐花雨一般，花瓣飘飘洒洒，洁白浑圆如同珍珠。

蜂蜜被这芬芳吸引了，急忙集合伙伴们一起来这里跳舞。我急忙躲到树后面，观察起这情况：只见一大群蜜蜂围在那儿，有秩序地分好了工，勤快地干起了活儿。不一会儿，蜜蜂们就成群结队地回了家，我望着那满树的槐花，心想那花蜜肯定已经装到蜜蜂的行囊里了。

站在远处，我眺望这片小树林，各种感觉纷纷涌入心中。你看，那杏花与桃花的结合，构成了一幅美丽的水彩画，再加上小草的点缀，透着无限生机，真是愈看愈美。

渐渐地，太阳停在了半空，天边的晚霞染红了半边天。我如痴如醉，呆呆地望着那美丽的夕阳，直到它落下。

啊，春天！你是一位魔术师！你是一位造型师！你是我等待的知心好友！

我徜徉在大自然的怀抱里，品尝着她的甘露，嗅着她的芬芳……

春风徐徐来

付淑杰

　　说到春，我印象最深刻的就是朱自清先生的那句"盼望着，盼望着，东风来了，春天的脚步近了。一切都是刚睡醒的样子，欣欣然张开了眼"。此时看看外面的景象，春天已经悄无声息地来到了我们身旁。

　　走出家门，首先映入眼帘的是那棵历经风霜的大枣树。这棵大枣树是我小时候种下的，经历了这么多年的"磨炼"，它已经变得比以前更加粗壮了。凑近看，枣树的枝头上已长出了许多嫩绿的小芽，这些长出的小芽使得沧桑的枣树有了焕然一新的感觉。再往地上一看，呀，小草正往外钻呢！嫩黄的小草给大地穿上了一件新的衣裳。小草这坚韧不拔的精神感染着我，使我不禁对它产生了一种空前的敬意。

　　凉爽的清风向我迎面吹来，直吹到我的心头上，我心旷神怡地欣赏着大自然这无限的美景。印象最深刻的还是要属田里的小麦，小麦不怕风吹雨打，就这样缓缓地生长着。等长高一些时，它们就不断地向我们挥手，好像在说："农民伯伯，我们渴了，我们该喝水了。"这时勤劳的农民伯伯好像听到了召唤，他们来到田地里给小麦施肥、浇水。在肥水的滋润下，小麦焕发出勃勃的生机。瞧，它们正冲着农民伯伯笑呢！好像在跟农民伯伯保证：要用秋天的丰收回报你们。再往前走时，只见春天的吉祥物小燕子已经在天空中自由自在地飞翔了，它们小巧玲珑，姿态敏捷，一眨眼，就只能看到它们那像剪刀似的尾巴了。蓝天、白云、燕子，它们共同构成了一幅美得让人窒息的油画，这画五彩斑斓，直戳你心底最柔软的地方。

春风徐徐吹来，树木的嫩芽在萌发，小麦在向我们招手……

啊，原来这一切都是春天的脚步！

那片山楂林